부동산 투자 사이클

자 산 시 장 의 보 이 지 않 는 진 실

부동산 투자 사이클

김영기 · 이재범 지음 | **트루카피** 감수

"인플레이션은 언제 어디서나
화폐적 현상이다."

– 밀턴 프리드먼(미국 경제학자)

부동산 투자, 글로벌 동조화에 주목하라

주택시장에서 공급은 무척 중요하다. 거주할 집이 넘치면 가격이 하락하고, 부족하면 가격이 상승한다. 이런 내용을 전작인《부동산의 보이지 않는 진실》에서 데이터를 근거로 썼다. 국내 주택시장에서 벌어지는 현상에 대해 각종 자료와 논문, 서적 등을 근거로 분석한 책이었다. 이전까지의 부동산 책은 '나는 이렇게 돈을 벌었다' 류가 대부분이었다. 정확한 팩트와 데이터 없이 주먹구구식 논리를 앞세워 감으로 투자하는 걸로 보였다.

필자들이 데이터를 근거로 주택시장을 분석한 이후 현재는 부동산시장에 수많은 데이터가 넘쳐난다. 이제는 일반 투자자들도 데이터를 보며 부동산시장을 들여다본다. 부동산 관련 스타트업도 부동산 데이터로 투자 의사결정에 도움을 주고 있다. 이런 일련의 과정을 지켜보며 더 정확한 정보로 부동산시장을 살펴봐야 할 중요성을 알려주려는 노력이 빛을 발했다는 뿌듯함이 있다.

사람들에게 주택 가격이 무엇 때문에 상승하고 하락하는지 알렸지만 뭔가 부족한 점이 있었다. 부동산시장에서 주택의 공급과 수요에 대한 부분 말고도 이상한 현상을 발견했다. 국내의 주택 공급과 가구수의 수요에 따른 가격 변화가 전부가 아니었다. 가격은 복잡한 메커니즘에 의해 변화한다. 부동산은 국내에서만 발생하는 국지적인 현상이라고 생각되어왔지만 한국 강남의 주택 가격은 전혀 상관없어 보이는 미국 뉴욕의 주택 가격과 동행하고 있었다. 왜 한국 강남과 미국 뉴욕의 주택 가격이 동반 상승하거나 하락하는 것일까?

분명 부동산에서 가장 중요한 것은 입지다. 입지는 움직일 수 없는 것이고, 대체불가능한 것이기에 입지에 따라 거래 여부가 결정되고 가격이 변동된다. 지역에 따라 가격 차이가 나는 것도 당연하다. 그걸 인정한다고 해도 부동산 가격이 해외 부동산과 연동되어 움직인다는 사실은 무엇인가 중요한 걸 놓쳤다는 느낌이었다. 이에 존경하는 블로거인 트루카피님과 여러 이야기를 나누고 듀프레인님이 올린 글을 읽으면서 세계 부동산 가격이 동조화 현상을 보인다는 사실을 발견했다. 이때부터 본격적인 조사를 시작했다.

이런 사실이 새로운 것은 아니었다. 부동산의 글로벌 동조화에 대해서는 수많은 국제기구와 연구자들이 연구를 진행해왔다. 일정 기간을 두고 부동산 가격이 상승과 하락을 반복하는 것은 특정 국가에서만 벌어지는 일이 아니었다. 금융이 발달하고 개방된 국가라면 어디에서나 거의 비슷한 시기에 주택 가격이 상승하거나 하락했다. 여기까지 파악하며 내심 쾌재를 불렀다. 중요한 퍼즐을 맞춰 기뻤지만 그럼에도 찜찜함이 남았다.

도대체 전 세계적인 동조화는 왜 일어나는 것일까?

여러 국가에서 거의 동시 다발적으로 가격 동조화를 일으키는 어떤 힘이 있는 것은 아닌지 호기심이 일었다. 더 깊게 파고 조사해보니 이에 대해서도 수많은 연구가 진행된 상태였다. 미국 연방준비제도이사회(이하 FRB)와 IMF의 연구자들의 서브프라임 모기지 사태 이후 일어난 글로벌 동조화 현상에 대한 논문을 찾아봤다. 일반인이 도저히 파악하기 힘들고 조사하기 어려운 일련의 금융과 부동산의 관계를 전문가들이 분석한 내용이었다.

분명 글로벌 부동산 가격의 동조화에 숨겨진 무언가가 있다는 느낌을 지울 수 없었다. 관련 논문과 보고서를 전부 찾아 하나씩 읽었다. 한국어가 아니라 이해하는 데 어려움은 있었다. 그 와중에 아주 가까운 곳에서 이와 관련된 제대로 된 보고서를 만났다. 바로 공신력 있는 국가기관인 한국은행에서 발행한 '한국은행 금융안정보고서'였다. 이보다 더 확실하고도 분명한 보고서는 없었다. 더구나 이 보고서는 법정 보고서일 뿐 아니라 한국은행이 국회에 제출하는 중요한 것이었다. 이 중에서 2016년 12월 금융안정보고서에는 다음 페이지의 그래프가 실려 있다.

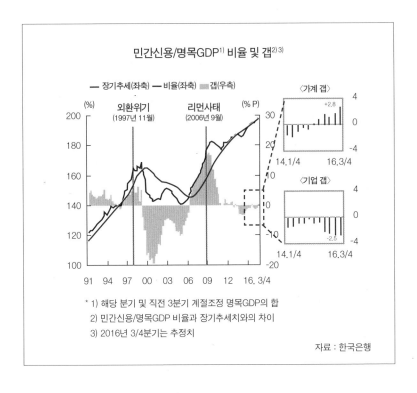

민간신용/명목GDP[1] 비율 및 갭[2)3)]

장기추세(좌축) — 비율(좌축) ▨ 갭(우측)

〈가계 갭〉
〈기업 갭〉

* 1) 해당 분기 및 직전 3분기 계절조정 명목GDP의 합
  2) 민간신용/명목GDP 비율과 장기추세치와의 차이
  3) 2016년 3/4분기는 추정치

자료 : 한국은행

　　신용과 부동산 가격은 물론이고 금융위기에 대한 매우 깔끔한 보고서였고, 위 그래프는 이를 한눈에 알 수 있게 해주었다. 민간신용이 늘어나고 유동성이 시장에 퍼지면 주택 가격이 오르기 시작했다. 그 후에 더 거침없이 상승하면 위기가 찾아왔다. 주택 가격을 움직이는 요소로 주택 공급만 있었던 것은 아니었다. 공급 측면이 아닌 수요 측면에서 인구구조가 아닌 다른 퍼즐 조각을 찾은 것이다. 이때부터 본격적으로 조사하기 시작했다. 부동산 가격을 움직이는 다양한 요소 중 지금까지 주택 공급에만 초점을 맞췄는데 이번에는

수요 부분에 대해 이야기하려 한다. 이제껏 전혀 생각하지 못했고 그다지 관심을 기울이지 않은 금융과 연계된 수요에 대한 이야기다.

과거에도 그랬고, 지금도 그렇고 앞으로도 주택의 위치는 절대로 변하지 않는다. 학교, 백화점 같은 생활기반시설도 그 자리에 그대로 위치해 있을 것이다. 공급이 멈췄는데도 주택 가격이 미친 듯이 오른다. 또는 공급이 계속 진행되어 과다 공급이 되었는데도 주택 가격이 계속 오른다. 주택의 공급만으로는 이런 현상을 설명할 수 없다. 그 이유는 무엇일까?

이것을 단순히 인간이 비이성적인 동물이니까 하며 심리 문제로 치부할 수 있을까? 결코 그렇지 않다. 주택 가격을 움직이는 요소는 수없이 많다. 그 요소 중에 유독 더 영향을 미치는 것이 있다.《부동산의 보이지 않는 진실》에는 그 퍼즐을 풀 수 있는 강력한 내용을 담고 있었다. 이번에는 그때 다루지 못했던 또 다른 요소를 설명하고자 한다. 절름발이였던 주택 가격 상승과 하락에 대한 나머지 퍼즐 조각을 지금부터 소개한다. 이 책을 통해 가격 움직임의 메커니즘에 대한 커다란 퍼즐을 꿰맞추게 되기를 기대한다.

즐거운 마음으로 읽어주기를 바라며 출발하겠다.

김영기 · 이재범

추신 : 원고 집필 중 돌아가신 어머니께 이 책을 바칩니다. − 김영기

1장 금융이 부동산시장을 지배한다

2장 문제는 비핵심대출

3장 부동산 가격은 어떻게 움직이는가

4장 미국이 만드는 경제

5장 한국 부동산의 가격 변화

6장 버블은 온다

1장

금융이
부동산시장을
지배한다

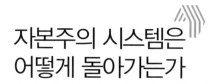

자본주의 시스템은
어떻게 돌아가는가

◈ **자본주의 시스템을 이해하는 세 가지 등식**

　책을 시작하면서 되도록 쉬운 단어와 용어로 설명하겠지만 이 책
에는 생소한 개념이 많이 등장한다. 1장에서는 이 책 전반에 걸쳐 나
오는 개념을 정립할 것이다. 앞으로 혹시나 읽다 막히면 1장으로 돌
아와 찬찬히 읽어보도록 하자.

　먼저 자본주의 시스템이 어떻게 돌아가는지 보여주는 세 가지 등
식을 소개한다. 이 등식만 제대로 이해하면 자본주의 시스템의 원리
를 파악할 수 있다.

등식 1 부채 = 유동성 = 구매력

부채, 유동성, 구매력 모두 들어본 말일 텐데 자본주의 시스템하에서 이 셋은 결국 같은 개념이다.

정도의 차이는 있지만 대부분의 사람들이 부채를 갖고 있다. 주택을 구입할 때, 사업을 할 때, 급하게 돈이 필요할 때, 투자를 할 때, 그 외 누군가에게 돈을 빌려줄 때 자기자본만으로 충분하지 않으면 사람들은 대출을 이용해 부채를 진다. 부채는 시중에 돈이 넘쳐나게 만드는 중요한 요인이다. 어제까지 없던 돈이 대출을 받는 순간부터 시중에 풀린다. 시중에 돈이 풀리면 유동성이 증가한다. 유동성이 증가한다는 것은 시중에 동원(구매) 가능한 현금이 늘어난다는 의미다. 뭔가 구입하려면 돈이 필요하다. 갖고 있는 돈만으로 구매할 수 없다면 대출을 받아 구매하면 된다. 대출 받은 돈(부채)만큼 구매력이 높아지는 것이다.

부채가 늘어나면 시중에 유동성이 증가하고, 유동성이 증가하면 당연히 구매력 또한 상승하므로 '부채=유동성=구매력'이라는 등식이 성립한다.

등식 2 내가 쓴 돈 = 남이 번 돈

내가 돈을 쓰면 누군가(남)는 돈을 번다. '내가 쓴 돈=남이 번 돈'이라는 등식이 성립한다는 말이다. 내가 얼마를 쓰든지 누군가는 돈을 그만큼 벌게 마련이다. 마찬가지로 내가 벌어들인 돈은 누군가 그만큼 쓴 돈이다. 그렇지 않은가? 문제는 1대 1로 이뤄진 거래가 아니라는 점이다.

현대사회에서는 수많은 사람들이 서로 거래를 한다. 한 사람과 거래하는 게 아니라 불특정 다수와 거래를 한다. 누군가는 돈을 쓰기만 하는 것 같고, 누군가는 돈을 벌기만 하는 것처럼 보이기도 한다. 하지만 이것은 자신을 중심으로 생각할 때 벌어지는 착각이다.

내가 돈을 쓰지 않아도 누군가는 쓰기 때문에 사회 전체적으로 쓴 돈과 번 돈의 총량은 같다. 당신은 쓴 돈이 많은가, 번 돈이 많은가? 자본주의 사회에서 살아남으려면 이걸 잘 따져봐야 한다.

등식 3 내가 저축한 돈 = 남이 빌린 돈 = 부채

누군가 돈을 빌리려면 누군가 그만큼 저축을 해야 한다. 이는 상식이다. 가진 돈이 없으면 돈을 빌려줄 수 없다. 내가 돈을 저축하면 누군가 그 돈을 빌려가서 부채가 된다.

그러나 현대 자본주의 시스템에서 금융은 이런 상식대로 작동하지만은 않는다. '내가 저축한 돈 = 남이 빌린 돈 = 부채'라는 등식이 성립해야 하는데 신기하게도 '내가 저축한 돈'보다 '남이 빌린 돈'이 더 많아진다. 이를 가능하게 만드는 게 지급준비율제도다. 지급준비율제도란 은행에 저축을 하면 갑작스런 예금자 인출에 대비해 일정 비율을 중앙은행에 예치하는 것이다. 지급준비율이 10%라고 할 때 1억 원

을 저축하면 은행은 10%를 제외한 9000만 원을 빌려줄 수 있다. A가 9000만 원을 빌려 B에게 무언가를 사고, B가 그 돈을 다시 저축하면 은행은 10%를 뺀 8100만 원을 다시 빌려줄 수 있다. 이 과정이 끝없이 반복되면 처음 저축한 1억 원의 몇 배를 빌려줄 수 있다. '내가 저축한 돈'보다 부채가 훨씬 많아지게 되는 것이다.

저축이 늘어나지 않아도 사람들은 돈을 더 많이 빌리고 부채는 더욱 증가한다. 저축보다 부채와 관련되어 더 중요한 요소는 비핵심대출이다. 은행을 통한 대출이 핵심대출이라면 은행이 아닌 다른 곳을 통한 대출이 비핵심대출인데 어디선가 비핵심대출을 통해 돈이 유입된 것이다. 이에 대해서는 2장에서 다시 언급하겠다.

부채가 늘어나면 그만큼 시중 유동성이 증가하고 구매력도 높아진다. 은행이 실제 보유자금보다 많이 빌려줄 수 있다 보니 시중에는 '내가 저축한 돈'보다 더 많은 유동자금이 공급될 수 있는 것이다. 부채로 인한 유동성 증가다. 시중에 돈이 유입되면 누군가의 구매력이 높아진다. 구매력이 높아진 사람은 무언가를 구입한다.

보유하고 있는 돈의 규모와 상관없이 구매력이 높아진다는 점이 중요하다. 돈이 없어도 부채로 구매력이 높아질 수 있지만 부채는 언제든지 사라질 가능성이 있다. 부채가 사라지면 구매력이 낮아진다. 가격은 이로 인해 변화한다.

이 모든 것을 유동성이라고 한다. 유동성이 어디서 오는지 따져보면 부채다. 부채가 구매력을 증가시킨다. 부채의 움직임에 따라 가격은 상승하거나 하락한다. 돈이 없다고 하는데 다들 어디선가 돈을 만들어 구매한다. 그게 바로 부채다. 부채는 지속적으로 시장에 유동성을 공급하고 결과적으로 구매력을 증가시킨다. 거꾸로 부채는 어느 날 구매력을 갑자기 확 줄여버리기도 한다.

부채와 유동성은 구매력의 핵심이다. 이는 자본주의 시스템을 바라보는 가장 중요한 축이기도 하다. 돈이 어떤 식으로 돌아다니고 굴러가는지 파악하는 데 있어 반드시 알아야 할 핵심이다.

◈ 핵심은 유동성이다

경제컨설턴트 윌리엄 코널리의 책 《비즈노믹스》(67페이지 내용)에는 유동성이 어떻게 경기를 움직이는지에 대해 나오는데 그 내용을 단순화하면 다음과 같다.

금리 상승 → **유동성 감소** → 주택 판매량 감소

→ 주택 착공률 감소 → 건설업 고용 감소

→ 금리에 민감한 지출 감소 → 자동차 판매량 감소

→ 일부 자본 지출 감소 → 건축·제조업 고용 감소

→ 소비자 지출 감소 → 재고 감소 → 2차 생산 감소

→ 경제 전반에 걸쳐 제조 감소 현상 확산 → 자본 지출 붕괴

→ 중앙은행 단기금리 인하, 신용수요 민감 제품(주택, 자동차) 가격 하락

→ **유동성 증가** → 단기금리 인하로 수입원 확실한 소비자(공무원이나 대기업 직원)의 지출 증가

→ 금리에 민감한 제품 생산 증가 → 주택 판매량과 착공률 증가

→ 건설·제조업 고용 증가 → 재고 증가 → 자본 지출 증가

→ 물가 상승 → 물가 대응 금리 상승

경제뉴스에서는 주로 금리를 중심으로 시장을 분석한다. 금리가 상승하면 큰일이 날 거라고 하고, 금리가 하락하면 시중에 돈이 넘쳐날 거라고 한다. 정말로 그럴까? 금리만 생각하면 유동성을 놓칠 수 있다. 핵심은 금리가 아닌 유동성이다. 금리가 아무리 높아도 시중에 돈이 넘치면 물건이 잘 팔린다. '부채 = 유동성 = 구매력' 등식을 생각하면 답이 나온다. 금리가 낮아도 유동성이 감소하면 구매력이 낮아진다. 금리가 높다고 돈이 부족하고, 금리가 낮다고 돈이 넘치는 게 아니다. 금리와 유동성이 서로 밀접하게 관련되어 있지만 반드시 일치하는 것은 아니라는 말이다.

1990년대 한국은 매년 높은 수치의 경제성장률을 달성하며 발전을 이뤘다. 경제성장률이 높으니 금리는 지금과 비교할 수 없을 만큼 높은 수준이었다. 금리가 높았으니 시중에 자금이 부족했을까? 아니다. 시중에 유통되는 돈의 흐름을 파악하는 기준인 M2(총통화: 언제든

현금화할 수 있는 자금으로 어지간한 돈은 다 포함된다) 증가율은 2000년대와 2010년대보다 1990년대가 훨씬 더 높았다. 1990년대보다 금리가 더 높았던 1980년대에도 M2 증가율이 높았다는 것은 그만큼 시중에 돈이 많이 풀렸었다는 뜻이다.

2000년대 들어 M2 증가율이 가장 높았던 때는 2008년이다. 그다음은 2002년 전후이다. 그렇다면 M2 증가율이 높았던 해에 한국 자산시장에서 어떤 일이 벌어졌을까? 부동산에 조금만 관심이 있는 독자라면 금방 눈치챘을 것이다. 두 번 다 부동산 가격이 폭등했다. 이는 금리와는 전혀 상관없이 벌어진 일이다. 금리가 높아도 유동성은 얼마든지 증가할 수 있다. 그걸 가능하게 해주는 게 바로 부채이며, 그래서 통화시스템이 어떻게 경제를 움직이는지 알아야 한다.

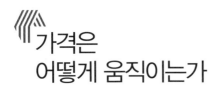

가격은
어떻게 움직이는가

◈ **공급만으로 주택 가격의 등락을 설명할 수 없다**

자본동에 나근면이 살고 있다. 나근면은 열심히 일을 하고 저축을 했다. 아끼고 쓰지 않으며 모은 결과 1억을 만들었다. 자본동에는 구입할 수 있는 아파트가 딱 한 채 있다. 이 아파트의 가격은 얼마일까? 나근면이 이 아파트를 살 수 있는 최대 가격은 1억이다. 그 이상으로는 구입할 수 없다. 나근면은 또다시 열심히 저축해서 1억을 더 모아 자산이 2억으로 늘어났다. 이제 아파트의 최대 가격은 2억이다. 아파트 가격은 최대 지불할 수 있는 금액 이상으로 상승할 수 없다. 그렇다면 보유자금은 2억으로 동일한데 아파트가 두 채라면 아파트 가격은 얼마일까? 아파트가 한 채만 있을 때는 2억이 될 수 있었지만 두 채가 있다면 아파트 한 채당 1억이 된다. 모든 조건이 동일하다면 최대 가격이 1억을 넘어설 수 없다.

보유자금이 동일하다면 아파트 공급 물량에 따라 가격이 달라졌다. 이게 바로 경제학에서 늘상 얘기하는 수요와 공급의 원리다. 돈이 2억이 있고 아파트가 두 채라면 아파트 한 채당 1억이지만, 갑자기 한 채가 사라진다면 남은 아파트 한 채는 2억으로 가격이 오르는 것이다. 대부분의 부동산 책은 수요에 비해 아파트 공급이 늘어나는 부분에 집중하여 가격의 움직임을 설명한다. 대체로 틀리지 않지만 공급만으로 가격의 움직임을 설명하다 보면 뭔가 안 맞을 때가 많았다. 이를 극복하려면 유동성, 즉 돈의 움직임을 이해해야 한다.

아파트가 한 채에서 두 채가 되었는데 돈은 여전히 2억만 있다면 어떤 상황이 벌어질까? 우리는 이미 이런 상황을 경험해봤다. 서브프라임 모기지 사태 이후에 미분양 물량이 증가했던 걸 생각하면 된다. 1990년 이후 주택 200만 호 대량 공급도 여기에 해당한다. 시중에는 아직 아파트를 살 돈이 풀리지 않았는데 아파트가 공급되니 팔리지 않는 물량이 대거 발생하는 것이다. 한 채당 1억짜리 주택 200만 호가 건설되었다면 돈이 얼마나 있어야 이 주택을 전부 살 수 있을까? 필요한 돈은 200조 원이다. 시중에 그만한 돈이 없으니 주택 가격은 떨어질 수밖에 없다. 수요가 부족했던 것은 결코 아니라는 말이다.

주택이 두 채였다가 재건축 또는 재개발로 한 채가 되는 경우도 있다. 돈은 여전히 2억인데 주택 물량이 줄어든다면 어떻게 될까? 이럴 때는 주택 가격이 상승한다. 2018년 현재 강남에서 재건축이나 재개발로 주택 가격이 상승하는 것도 같은 이유다.

반대로 주택은 두 채 그대로인데. 돈이 갑자기 2억에서 1억으로 줄어든다면 주택 가격은 어떻게 될까? 역사 속에서 유사한 사례를 찾는다면 IMF 외환위기나 서브프라임 모기지 사태를 들 수 있다. 이러한 금융공황이 미치는 파급효과가 엄청난데 생각보다 꽤 자주 발생했다.

어떻게 하면 주택 가격을 올릴 수 있을까? 가장 확실한 방법은 기존 주택을 부수는 것이다. 두 채를 한 채로 만들어도 시중에 있는 돈은 변화가 없다. 이게 바로 공급 감소다. 공급은 건드리지 않고 돈을 1억에서 2억으로 늘리는 방법도 있다. 이게 바로 수요 증가다. 공급 감소와 수요 증가는 주택 가격을 올리는 가장 확실한 방법이다. 물론 좋은 기반 시설이 들어서거나 학군이 좋은 것도 가격 상승의 요인이다. 그러나 거시적으로 볼 때 주택 가격의 상승 가능성을 높이는 가장 큰 요인은 공급 감소와 수요 증가 두 가지다.

어떻게 하면 주택 가격을 떨어뜨릴 수 있을까? 앞서 설명했듯 한 채였던 주택을 두 채로 늘리면 된다. 단 돈은 더 이상 늘어나지 않아야 한다. 이게 바로 공급과잉이다. 또 다른 방법은 시중에 돈이 줄어들게 하는 것이다. 주택 공급량은 그대로인데 돈이 2억에서 1억으로 줄어들면 돈이 없어 주택을 못 사게 된다. 이게 바로 수요 감소다.

◈ 금융은 주택 가격을 어떻게 움직이는가

주택 가격을 올리고 내리는 데는 주택 공급이 중요한 역할을 했다. 그러다 보니 많은 사람들이 이 부분을 중점적으로 따지는데 한 가지 중요한 요소를 망각한 것이다. 공급이 감소하거나 증가하지 않아도 시중에 돈이 늘어나거나 줄어드는 데 따라 가격이 움직인다는 사실 말이다. 주택 공급과 수요가 가격에 미치는 영향에 대해서는 대부분의 부동산 책에서 중점적으로 설명한다. 그렇지만 금융이 주택 가격에 어떤 영향을 미치는지 설명하는 책은 드물다. 공급이 늘어도 주택 가격이 상승할 때가 있고, 공급이 줄어도 주택 가격이 하락할 때가 있다. 이런 현상은 왜 일어나는 것일까? 이 책에서는 금융이 어떻게 주택 가격을 움직이는지 설명하고자 한다.

부동산 책에서 왜 금융을 다루려고 하는지 의아할 것이다. 한국에서 가장 비싼 아파트는 대체로 강남 지역에 집중되어 있다. 강남은 교육·쇼핑·교통·환경·일자리 등 부족한 것 없는 그야말로 한국에서 입지가 가장 좋은 곳이다. 더구나 주택을 공급할 땅이 더 이상 남아 있지도 않다. 한정된 공간에 주택 공급이 제한적이니 가격이 상승하는 것은 너무나 당연하다.

그러나 많은 사람들이 잊고 있는 사실이 있다. 강남의 주택 가격이 계속해서 오르기만 한 것은 아니다. 2007년 12월부터 2013년까지 강남 아파트 가격은 끊임없이 하락했었다. 게다가 2018년 2월 현재 강남에 있는 모든 아파트는 아직도 전고점을 회복하지 않은 상태다. 이상하지 않은가? 강남이라는 지역적 특성은 변한 것이 없다. 오히려 강남은 모든 면에서 전보다 좋아졌다. 입지는 더욱 공고해졌고 공급 또한 여전히 증가하지 않고 있다. 그럼에도 가격이 상승하기는커녕 하락해서 여전히 전고점을 회복하지 못한 것이다.

사실 한국 정부는 세계적으로 유래를 찾아보기 힘들 정도로 부동산 가격 상승과 국제 유동성에 강력하게 대항해왔다. 큰 재앙이 닥치기 전에 정책 당국자들이 늘 선제적으로 조치를 취해왔던 것이다. 그럼에도 모든 걸 다 막지는 못했다. 노무현 정부에서 부동산 규제 정책을 설계했던 김수현 청와대 사회수석은 다음과 같이 말했다.

"나는 부동산 가격을 잘 조절했다고 생각한다. 단지 국제 유동성을 막지 못했던 것이 아쉽다."

이 책에서는 공급과 수요 외에도 주택 가격의 등락에 영향을 미치는 금융, 특히 유동성 요인에 대해 살펴볼 것이다. 한국의 부동산시장에 국한하지 않고 미국·일본·유럽 등 해외 사례를 통해 금융이 부동산을 어떻게 지배하는지 설명해보려고 한다.

중산층은 부동산으로
부를 일군다

◈ 부동산이 주식보다 수익률이 좋다?

웬만한 투자자라면 누구나 알고 있듯 주식이 부동산보다 수익률이 훨씬 더 높다. 그럼에도 이 책의 독자들은 주식 투자를 하지 않고 부동산 투자를 한다. 이들은 무엇 때문에 부동산 투자로 자산을 불리려고 하는 걸까?

자산시장에서 주식과 부동산은 경쟁관계에 있다. 둘 중 어느 시장으로 돈이 들어가느냐에 따라 해당 시장의 가격 상승을 주도한다. 주식과 부동산 가격은 함께 움직이는 경향이 있다. 비슷한 시기에 상승과 하락을 반복한다. 그때마다 수익률은 부동산보다 주식이 더 높았다. 주식 투자자가 부동산을 별로 선호하지 않는 것처럼 부동산 투자자도 주식을 좋아하지 않는 편이다. 부동산 투자자는 주식시장이 지닌 엄청난 변동성을 심리적으로 견디기 힘들어한다.

부동산보다 주식의 수익률이 높다는 것이 상식처럼 알려져 있지만 장기 누적 데이터로 살펴보면 주식보다 부동산의 수익률이 훨씬 좋다는 연구결과가 있다. 그 가운데 주목할 만한 연구결과를 보여주는 미 샌프란시스코 연방준비은행 거시경제연구소의 오스카 요다(Oscar Jorda) 교수의 논문 〈1870년에서 2015년까지 모든 것의 수익률(The Rate of Return on Everything, 1870-2015)〉을 바탕으로 살펴보겠다.

오스카 요다 교수팀이 미국, 일본 등 선진 14개국의 1870년~2015년까지 145년간 모든 자산의 데이터를 추적해본 결과 주식보다 부동산의 수익이 더 좋았다. 이들 14개국에서 145년간 부동산의 수익률은 평균 8%였고, 주식의 수익률은 평균 6.72%였다. 범위를 좀더 좁혀 2차 세계대전이 끝난 1950년~2015년까지 부동산의 수익률은 8.21%였고, 주식의 수익률은 8.35%였다. 신자유주의가 등장하기 시작한 1970년~2015년까지 부동산의 수익률은 6.92%, 주식의 수익률은 10.43%다.

주식이 부동산보다 수익률이 높아진 것은 최근 수십 년간의 일이고 장기간 따져보면 분명 부동산이 주식보다 수익률이 높았다. 이마저도 주식시장의 변동성을 감안해야 한다. 주식이 부동산보다 수익률이 높다고는 하나 하루에도 몇 번이나 상승과 하락이 반복되는 주식시장의 변동성을 이겨내야만 한다. 반면에 부동산 투자는 그런 변동성을 피부로 느끼기 쉽지 않다. 변동성을 감안한다면 부동산과 주식의 수익률 차이는 충분히 받아들일 수 있는 수준이다. 가슴을 졸이며 주식으로 수익을 내기보다 수익이 적더라도 마음 편하게 부동산 투자를 하는 게 낫지 않을까? 그래서인지 주식으로 부자가 된 사람보다는 부동산으로 부자가 된 사람이 더 많다. 주식 투자가 나쁘다는 말이 아니다. 그만큼 평범한 사람들은 주식보다 부동산으로 자산을 형성하는 게 쉬웠을 거라는 뜻이다.

145년간 부동산이 주식보다 수익률이 더 좋았지만 현대로 넘어올수록 주식의 수익률이 더욱 커졌다. 주식 투자든 부동산 투자든 큰돈을 번 사람들이 소수인 것은 마찬가지지만 부자들 중에는 부동산으로 일정 규모 이상의 자산을 형성한 사람이 다수다. 진짜 큰 부자는 주식 부자지만 대다수의 안정적인 부자들은 부동산 부자들이다. 주식으로 부를 이룬 부자는 주식시장의 폭락을 이용한다. IMF 외환위기나 서브프라임 모기지 사태처럼 주가가 폭락했을 때 위기를 기회로 삼아 더 큰 부자가 되었다. 반면 부동산 부자들은 물가가 꾸준히 상승하는 만큼 오르는 부동산의 가격 상승을 기반으로 안정적인 부자가 되었다. 부동산은 지난 145년간 중산층이 부를 일구는 가장 강력한 도구였던 것이다.

◈ 부동산의 자산가치는 어떻게 결정되는가

그렇다면 부동산 가격이 고점인지, 저점인지는 어떻게 구분할까? 사실 그건 아무도 알 수 없다. 고점도, 저점도 시간이 지나야 알 수 있다. 비싸다고 외치는 와중에도 더 상승하는 가격을 보며 좌절하고, 더 이상 떨어질 데가 없는데도 하락하는 가격을 보며 공포감을 느낀다.

한국에서는 전세 또는 월세로 주택을 임대하지만 전세는 다른 나라에서는 찾아볼 수 없는 제도다. 보통 주택을 임대하면 월 또는 주 단위로 임대료를 받는다. 임대료는 주택 사용에 대한 요금이므로 사용가치라고 볼 수 있다. 어느 아파트의 한 달 임대료가 100만 원이면 사용가치가 100만 원인 것이다. 이는 실질 사용가치를 의미한다. 임대수익률은 부동산 가격이 고평가되거나 저평가되었는지 살펴보는 데 근거로 활용할 수 있다. 임대료가 갑자기 상승하거나 하락하지는 않기 때문이다. 임대료는 물가상승률에 근거해 꾸준히 상승한다. 지역별로 임대료는 다르더라도 변동폭은 상대적으로 안정적이다.

주택 가격은 임대료에 비하면 변동폭이 큰 편이다. 주택 가격을 움직이는 것은 사용가치가 아닌 자산가치다. 임차인이 집주인에게 내는 임대료가 널뛰기하듯 오르내린다면 주거가 안정되지 않기 때문에 정부에서는 임대료가 지나치게 높아지지 않도록 법으로 규제하고 있다. 그러나 주택 가격은 상승과 하락을 반복한다. 고점과 저점을 예상하기 어려운 이유다.

최근 여러 나라에서 부동산 가격이 계속 상승하면서 임대수익률이 떨어지는 현상이 벌어지고 있다. 이는 임대료가 오르지 않는 상황에서 부동산 가격만 꾸준히 상승하고 있기 때문이다. 월세 100만 원을 받던 1억 원짜리 주택이 월세는 여전히 100만 원인 상황에서 주택 가격이 10억 원으로 오르는 식이다. 과거부터 지금까지 해당 국가의 임대수익률을 살펴봤을 때 임대수익률이 너무 낮다면 그만큼 주택 가격에 버블이 많이 껴 있다고 볼 수 있다.

프랑스에서는 2000년대에 주택 가격이 상승하며 임대수익률이 상당히 큰 폭으로 하락했다. 2010년대 들어서는 주택 가격이 하락하며 임대수익률이 상승하는 일이 벌어지고 있다. 독일에서는 1980년대부터 임대수익률이 지속적으로 상승했다. 이는 주택 가격이 상승하지 않으면서 임대료가 지속적으로 상승했기 때문이다. 그러나 독일은 2010년대 들어 주택 가격이 상승하며 임대수익률이 빠른 속도로 하락하고 있다.

논란의 대상인 일본은 정확히 1990년을 기점으로 임대수익률이 지속적으로 상승한다. 2010년까지 계속해서 임대료가 오르며 임대수익률이 상승했다. 이렇게 임대료가 상승하니 주택을 공급하면 안정적으로 임대수익을 노릴 수 있었다. 그러나 이로 인해 다시 주택 공급이 늘어나고 주택 가격 상승세가 멈추게 된다. 그러나 주택공급이 늘어나다 보니 임대료를 낮추는 주택이 많아져 2010년부터 일본의 임대수익률이 하락하기 시작한다.

노르웨이도 임대수익률이 하락한 대표적인 국가다. 1990년부터 주택 가격이 상승하며 쉼 없이 임대수익률이 하락했다. 이런 추세는 현재도 여전히 진행 중이며 주택 가격의 상승으로 인해 주택 매수에 대한 니즈가 커질 수밖에 없다. 주택을 사려는 사람이 늘어나 주택이 늘 부족하다. 노르웨이를 비롯한 대부분의 북유럽국가에서는 주택 구매 시 세금을 공제해준다. 그래서 대출을 받아 주택을 구입해도 이자 비용에 대한 부담이 줄어든다. 임대료를 내는 것보다 대출을 받아 집을 사서 이자를 내는 편이 이득인 셈이다.

미국도 1990년대에 지속적으로 임대수익률이 하락했으나 서브프라임 모기지 사태 이후 임대수익률이 상승하기 시작했다. 그러나 2018년 현재 주택 가격이 상승하며 임대수익률은 또다시 하락하고 있다.

이처럼 임대수익률은 대략적인 주택 가격의 상승과 하락을 역으로 추적하며 관찰하는 지표로 활용할 수 있다. 임대수익률은 주택을 얼마에 매수해서 얼마의 임대료를 받느냐에 따라 달라진다. 임대수익률이 과도하게 하락하는 것은 주택 가격 상승의 정점을 찍은 것이고 임대수익률이 과도하게 상승하는 것은 주택 가격 하락의 정점을 찍은 것이다.

실질 사용가치인 임대료가 상승하지 않고 주택 가격만 상승하는 것보다는 임대료와 주택 가격이 동반 상승할 때 더 안정적인 흐름을 보였다. 역사적인 평균으로 보더라도 실질 이용가치와 주택 가격의 과도한 괴리는 위험했다. 월세 100만 원에 주택 가격이 1억 원인 상태가 대략 10년 정도 유지되다 어느 순간 갑자기 월세는 그대로인데 주택 가격이 10억 원으로 껑충 뛴다면 이것은 폭락의 전조다. 이는 한국에서만 나타나는 독특한 현상이 아니다. 전 세계 어느 국가든 금융이 제대로 작동하면 어김없이 발생하는 현상이었다.

한국은 전에 없던 저금리시대를 경험하고 있다. 저금리시대에는 현금흐름 없이 자산 가격의 상승만으로도 충분한 이익을 볼 수 있었으나 앞으로 금리가 상승하면 이전과 다른 시장이 펼쳐질 것으로 예상된다. 금리 상승은 몇 년 단기간에 그치지 않을 것이다. 1940년대부터 1980년까지 금리는 상승 추세에 있었다. 이때 우리 부모 세대는 이자만으로 먹고 살 수 있었다. 자산이 없어도 문제가 되지 않았던 시대다.

1980년부터 금리가 하락하며 새로운 시장이 펼쳐졌다. 우리는 아직까지 경험해보지 않았지만 마이너스인 나라도 있다. 이제 다시 금리 상승기로 진입할 듯하다. 지금까지 주택 가격은 임대수익률이 낮아도 별 문제가 없었다. 금리가 낮았기 때문에 그 이상의 수익을 볼 수 있었다. 앞으로 금리가 상승하면 과연 임대수익률이 어떻게 움직일지 생각해보자.

분명한 것은 갭투자와 같이 현금흐름이 없는 자산은 금리가 상승하면 취약성이 드러난다. 심지어 버티기 힘들 수도 있다. 우리는 부동산 가격을 볼 때 인구·공급·학군 등이 중요한 요소라고 생각했다.

그러나 단순히 이런 요소들 때문에 가격이 오른 거라면 금리가 상승한다고 해서 문제될 것이 무엇이겠는가. 금리가 상승하면 매달 내야 하는 이자 금액이 달라진다. 언제까지 버틸 수 있을까? 부동산 투자를 계속하려면 금융을 이해해야 한다.

2장

문제는
비핵심대출

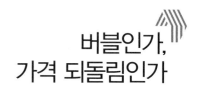

버블인가,
가격 되돌림인가

◈ 부동산 가격 상승은 나쁘다?

언어가 의식을 지배한다. 단어에 특정 개념이 주입되면 편향적인
시각이 반영되어 특정 단어를 읽거나 말할 때 자연스럽게 부정적이거
나 긍정적인 의미가 부여된다. 가치중립적이었던 단어도 어느 날부터
사람들이 부정적으로 사용하다 보면 원래 의미를 잃어버린다. 영국의
철학자 존 로크는 "정의는 바로 해당 용어가 나타내는 뜻을 다른 사람
들에게 말로 이해시키는 것이다"라고 말했다.

부동산시장에서 쓰이는 단어에 대한 정의 중에는 재조정되어야
할 것이 있다. '부동산 버블'은 가장 많이 쓰는 단어 중 하나다. 부동산
가격이 상승할 때마다 정상적이지 않은 가격이라며 폭락을 기대(?)하

며 '부동산 버블'이라고 말하는 사람들이 있다. 폭락을 외치는 사람들의 말에는 주관적인 감정이 들어 있다. 일반인들에게는 부동산 가격 상승에 대한 나쁜 이미지가 있어서 다른 자산과 달리 가격이 조금만 올라도 섣부르게 위험하다고 말한다.

주택 가격이 10% 정도만 상승해도 전고점에 비해 어느 정도 상승했는지는 따져보지도 않고 '버블'이라는 표현을 거침없이 쓴다. 2018년 3월 현재 대다수 부동산의 거래 가격은 전고점인 2007년의 가격과 비교해 엄청나게 상승했다고 볼 수는 없다. '버블'이라는 표현보다는 '가격 되돌림'이라는 표현이 더 정확하지 않을까? 가격이 어느 정도까지 되돌아갈지 모르지만 폭등하기 전 수준으로 올라가는 것을 두고 버블이라고 하기에는 과하다고 생각된다.

◈ 버블과 성장의 차이점

가격 되돌림(부동산 버블)이 일어나려면 가격 상승이 있어야 한다. 가격이 어느 정도 올라야 원래 자리로 돌아가려는 힘이 발생할까? 그 수준을 대략 1년에 30% 상승할 때로 파악한다. 30%의 근거는 뒤에서 다시 설명하겠다. 4~5년 단위로 100% 정도 올랐다면 가격 되돌림이 일어났다고 봐야 한다. 어디까지나 전고점으로 돌아갔다는 의미다.

또는 급격한 가격 상승의 시작점으로 되돌아간 걸 의미한다. 원래의 고점으로 돌아가는 것도 가격 되돌림이다. 100에서 200으로 올랐다 다시 100으로 돌아가는 것도 가격 되돌림이라 할 수 있다.

되돌림 수준이 어느 정도인지는 정확하지 않다. 이 부분은 측정하기 어렵다. 가격이 상승하기 시작한 해가 기준인지 그 이전인지 판단하기 애매하기 때문이다. 가끔은 가격이 갑자기 뛴다는 생각이 들 정도로 상승하기도 한다. 가격 상승 후 다시 내려가지 않는 경우도 있다. 이런 정도의 가격 상승은 성장이라고 불러야 한다. 모든 자산은 무한정 떨어지지도 않고 하늘 높이 올라가지도 않는다. 전고점을 돌파한 후 일정 시점에 멈추기 마련이다. 전고점 위에서 하락을 멈출 때가 대부분이다. 이런 걸 성장이라 부르지 않으면 무엇이라 말하겠는가.

1년에 30% 이상의 가격 상승이나 4~5년에 100% 이상의 가격 상승은 어떻게 일어나는 것일까? 이미 설명한 것처럼 가격이 오르는 요인은 실질적으로 두 가지가 있다. 기존 주택이 무너져 사라지거나 시중에 돈이 늘어나면 된다. 수요와 공급 중에서 특정 요소가 유독 도드라지면 시장에 영향을 미치게 되어 있다. 앞에서도 강조했지만 단순히 주택 공급만 보지 말고 유동성에 주목해야 한다. 그렇지 않으면 주택이 전혀 공급되지 않거나 과다 공급될 때 가격이 상승하는 것을 설명할 수 없다.

재개발이나 재건축으로 기존 주택을 부수고 새로 건축하는 것은 좀 특수한 상황이다. 이런 때를 제외하고 대부분의 가격 상승은 결국 시중에 돈이 얼마나 유입되느냐가 핵심이다. 여기서 궁금증이 생길 것이다. 돈이 어디서 유입된다는 말인가. 은행에 저축되어 있는 돈으로만 자금 흐름이 생긴다면 유동성이 확대되기 힘들다. 그 돈은 저축 이외의 곳, 또는 해외에서 들어온 비핵심대출이다. 다음 절부터 비핵심대출에 대해 하나하나 자세히 살펴보겠다.

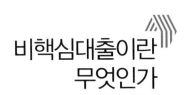

비핵심대출이란
무엇인가

◈ **은행은 소매, 금융기관 간 거래는 도매**

지금부터는 '비핵심대출'에 대해서 이야기하겠다. 비핵심대출이 라니 처음 듣는 사람들도 있을 것이나 이 책을 이해하려면 반드시 알 아야 할 개념이다.

전통적인 대출은 은행을 통해 받는다. 은행을 통해 받는 대출을 핵심대출이라고 한다면 은행이 아닌 곳에서 받는 대출이 비핵심대출 이다. 대출은 은행에서만 해주는 거라고 생각했겠지만 은행 이외의 금융기관에서도 대출을 해준다. 비핵심대출은 외화차입, 도매금융시 장에서의 차입 두 가지로 구성된다. 한 발 더 나가면 바로 이 비핵심 대출이 사람들이 흥미로워하는 그림자금융이다. 어딘지 음산하고 음

지에서 조용히 실물시장을 지배하는 느낌이 든다면 맞다.

그림자금융은 금융기관 간의 거래를 뜻하는데 예를 들어 한국 KB국민은행이 미국 시티은행으로부터 돈을 빌리는 것이 비핵심대출이다. 저축으로 조성되지 않은 돈이 시중에 유입되는 것이다. 이런 돈은 위기가 발생하면 그 즉시 빠져나간다. 은행이 예치된 적금이나 예금 이상으로 엄청난 대출을 한 적이 두 번 있다. 한 번은 IMF 외환위기 직전이었고, 또 한 번은 서브프라임 모기지 사태 직전이었다.

외화를 외국에서 빌려 국내에 들여오는 것도 비핵심대출이다. IMF 외환위기 때가 그랬다. 당시 단기금융업법에 의해 사금융을 제도권으로 흡수하기 위해 만든 단자회사들이 외국에서 외화를 빌려왔다. 1년 미만 단기자금의 이동으로 CMA(종합자산관리계좌)를 생각하면 된다. 서브프라임 모기지 사태로 인한 금융위기 이후에는 엔화 대출이 유행했다. 엔화는 금리가 낮고 환율 변동폭이 작아 의사나 변호사들이 창업자금으로 활용했다. 금융기관에서 적극적으로 대출 알선을 했으나 나중에는 환율 변동폭이 확대되어 대출자들이 고통을 겪었다.

개인이 MMF나 RP 같은 단기금융상품에 넣은 돈이 도매금융시장에서 대출된다. 도매금융(Wholesale Banking)은 법인이나 기관들 간의 금융거래를 하는 기업금융의 성질을 갖고 있다. 도매금융시장에서는 거래 금액의 단위나 규모가 매우 크다. 이 시장에서는 국가를 초월해서 활발한 외화차입이 이루어진다. 보험사, 연기금, 외국 기관들이 차입금을 서로 돌리거나 스왑시장에서 돈을 굴린다. 대표적인 도매금융시장인 유로커런시시장은 중앙은행과 대형 금융기관, 기업을 대상으로 금융거래를 한다.

◈ 단기대출 위주의 비핵심대출이 가져온 위험성

비핵심대출은 1970년부터 본격적으로 급증했고 지금도 지속적으로 늘어나고 있다. 이 중 외화차입의 경우는 1970년부터 2008년경까지 꾸준히 성장하다 서브프라임 모기지 사태 이후 잠시 주춤하며 줄어들었다. 2016년 들어서는 다시 원래 규모를 회복했으나 과거에 비해 GDP 대비 비핵심대출 비율이 약간 줄어든 상태다.

오바마 대통령 재선 당시, 50개 주의 투표 결과를 모두 맞힌 '예측의 천재' 네이트 실버가 쓴 《신호와 소음》에는 다음과 같은 에피소드가 나온다. 어떤 평범한 남자가 MMF에 넣어둔 돈이 무려 25%의 수익률을 올렸다고 자랑한다. 리스크가 적은 금융자산임에도 큰 수익을 얻을 수 있어서 너도나도 MMF에 가입한다. 1970년대 후반에 25% 수익률을 자랑하는 MMF에 돈을 넣는 것은 금융지식이 조금이라도 있는 사람에게는 당연한 일이었다. 2008년 서브프라임 모기지 사태 이후에 미국에서는 리먼브라더스의 파산 등으로 도매금융시장이 붕괴되었다. 다시 회복되긴 했지만 미국의 도매금융시장은 서브프라임 모기지 사태 이전보다 규모가 줄어들었다. 반면 미국보다는 타격이 적었던 유럽을 비롯한 그 외 지역의 도매금융시장은 지속적으로 성장했다. 한국도 마찬가지다.

금융기관은 전통적으로 고객들의 돈을 맡아주고 고객들에게 대출을 해준다. 고객이 언제든지 돈을 인출해갈 수 있기에 지급준비금을 제외한 나머지를 대출한다. 은행은 예대마진으로 먹고 사는 구조인데 대출을 많이 하기 위해서는 고객들이 저축을 많이 해야 한다. 그러나 현대사회에서는 저축하는 사람이 많지도 않고 이자를 주어야 하니 예대마진을 내기 쉽지 않았다.

1970년대부터 성장한 미국 도매금융시장은 1980년대에 금융자율화가 추진되면서 해외자금시장에 대한 접근성도 높아졌다. 일반인에게 받은 저축으로 돈을 대출하던 관행이 변하게 되었다. 금융기관이 더 저렴하고 대규모로 자금을 조달할 수 있는 시장이 열린 것이다. 도매금융시장과 외화차입으로 조달한 돈으로 대출을 할 수 있게 되었다. 핵심대출 중심이던 금융기관이 비핵심대출을 하기 시작한 것이다.

외화차입이나 도매금융시장에서 차입한 비핵심대출은 예금자보호제도가 적용되지 않기 때문에 문제가 생겨도 정부로부터 보호를 받을 수가 없다. 이런 위험을 제거하기 위해 시장 참여자들은 위험을 방어하기 위해 단기로 대출하는 방법을 택했다. 은행에 저축하는 사람은 1년짜리 적금이나 예금에 가입하지만 은행은 집을 구입하는 사람에게 3년, 5년, 30년 동안 대출을 해준다. 반면에 비핵심대출을 받은 금융기관은 하루 또는 1주일, 길면 1개월 내 상환하는 조건으로 돈을 빌린다. 상환기간 내에 갚지 못하면 그 후에 기간을 계속해서 연장하는 식이다.

핵심대출이 1년짜리 적금이나 예금으로 들어온 돈을 30년 만기로 빌려주는 시스템이라면 비핵심대출은 극단적으로는 하루짜리 돈을 빌려 30년 만기로 빌려주는 시스템이다. 단기인 비핵심대출은 이런 구조로 인해 뭔가 문제가 생기면 그 즉시 자금을 회수한다. 대출 만기 연장을 중단하며 시장을 구렁텅이로 몰아넣는다. 비핵심대출이 시장을 쥐락펴락할 수 있는 이유다.

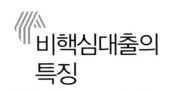

비핵심대출의
특징

◈ 비핵심대출이 빈번하게 일어나는 유로커런시시장

비핵심대출은 유동성이 큰 돈이라는 것이 특징이지만 언제든 빠져나갈 수 있는 만큼 위험성이 크다. 특히 외국에서 차입해온 돈은 위험성이 더 클 수밖에 없다. 아무리 글로벌 시대라고 해도 해외 기업에 빌려준 돈이 회수가 안 되면 끔찍하지 않겠는가.

은행은 안전한 대출만 취급한다. 엄격한 대출심사를 진행하기 때문에 심사 요건에 부합되지 않으면 대출해주지 않는다. 은행에서 대출받기 어려울 때 이용하는 대출이 비핵심대출이다. 은행 대출보다 유동성이 큰 대신 리스크가 좀 더 크다. 대출을 해주는 입장에서도 좀 더 위험을 감수해야 하므로 유동성을 중시한다. 조금이라도 위기가 감지되면 그 즉시 돈을 빼간다. 이런 속성상 비핵심대출은 금융위기에 민감할 뿐 아니라 촉매제 역할을 한다.

앞에서 언급한 도매금융시장도 대출의 성격은 같다. 서브프라임 모기지 사태 때 리먼브라더스는 하루나 일주일 정도의 초단기 대출을 받은 자금으로 1년이나 10년 장기대출을 진행했다. 시간이 흘러 도매금융시장에서 RP나 MMF에 자금을 조달했다. 시장이 급격히 무너지며 RP나 MMF 시장이 함께 망가졌다. 초단기대출로 승승장구하던 리먼브라더스는 결국 차입금의 만기를 연장하지 못해 파산하고 만다.

1960년대부터 성장한 유로커런시시장은 비핵심대출이 가장 빈번하게 일어나는 곳이다. 유로커런시시장은 1950년대 말 런던에 유로달러(미국 이외의 국가에 소재하는 미 달러 표시 예금) 시장이 생성되며 형성되었다. 2차 세계대전이 끝나고 세계 경제는 거의 빈사 상태에 빠지게 된다. 당시 유럽의 선진국들은 전쟁으로 생산 능력을 거의 잃었다. 전쟁의 참상에서 산업이 건재한 나라는 미국이 유일했다. 그러다 보니 대부분의 국가들이 재건하려면 미국을 통해 물자를 조달해야만 했고, 당연히 미국 화폐인 달러로 거래가 이루어졌다. 2차 세계대전이 끝나기 전까지 세계에는 달러가 많지 않았다. 유럽에 달러시장이 형성되어야 하는데 달러를 보유하고 있는 나라가 거의 없었다. 그랬던 달러가 어떻게 유럽에 유입되었을까?

2차 세계대전 후 미국은 유럽의 경제자립을 돕기 위해 마셜플랜을 세워 재정지원을 한다. 마셜플랜이 종료된 1952년 중반까지 총

120억 달러에 달하는 원조금이 유럽을 중심으로 전 세계에 뿌려졌으며, 냉전으로 전 세계 여러 나라에 미국 군대를 파병함으로써 주둔비로 나가는 달러도 엄청났다. 달러가 유입된 나라들은 이 돈을 미국 제품을 수입하는 데 쓰고 일부 남은 달러는 보유했다. 특히 독일은 경제가 되살아나고 대미 무역흑자가 계속 늘어나 달러 보유량이 많았는데 이 돈은 초기 유로커런시시장의 자금원으로 사용된다.

유로커런시시장은 처음에는 위에 설명한 돈들로 시작되었다. 영국의 금융시장이 성장하면서 자국이 아닌 타국의 은행에 예치된 달러화를 끌어모았다. 타국의 은행에 예치한다는 것은 예를 들면 한국인이 미국 본토 은행에 달러를 예치하거나 일본 본토 은행에 엔화를 예치하는 것을 말한다. 유럽에서 시작해 유로커런시라 지칭하지만 이제는 전 세계적으로 주요국의 통화가 다른 나라에 있는 것을 지칭하는 단어가 되었다. 1970년대에는 오일달러가 유로커런시의 주요 자금원이었다. 유로커런시는 그 특성상 대규모 도매거래를 통해 비용 감소를 추구하는 외화대출이다.

◈ 국제단기금융시장의 성장

유로커런시시장은 미국 내부 역외금융시장과 연관이 있다는 설도 있다. 유로커런시시장이 한참 성장하며 미국 외부에 있던 달러들이 영국 금융시장을 돌아다니자 미국에도 비슷한 금융시장을 개설할 필요성이 대두된다. 그래서 유로커런시시장처럼 규제로부터 자유롭고 외부 시장과 경쟁할 수 있는 금융시장이 만들어졌다. 대출금리 상한 규정이나 지급준비금에 대한 규제에서 자유로운 시장이 생긴 것이다. 1980년 레이건 대통령 시절이었다. 초강대국인 미국이 유럽에 유로커런시와 관련된 여러 가지 요구를 했지만 거절당했다. 까짓거 우리도 만들어 유럽처럼 하자는 의도였다. 국내 대출은 하지 않고 오로지 해외로만 대출했다. 게다가 미국 내부 돈이 아니니 국내 규제를 거의 받지 않았다.

1972년~1982년에 미국에서 대규모 자금이 비핵심대출로 중남미 개발도상국으로 빠져나갔다. 1970년대 초기 금융자율화와 함께 유로커런시시장에 자극을 받은 미국 은행들의 적극적인 영업도 한몫했다. 당시 석탄·석유·철광석 등 원자재 물가가 상승함에 따라 원자재 수출국이었던 중남미 국가들이 부자가 되었다. 이런 상황에서 은행들이 중남미 국가의 국영기업에 대출해주는 것은 너무 확실하고도 합리적인 선택이었다. 1980년대 들어 미국이 고금리 정책을 펼치자 물가가 잡히고 원자재 가격도 하락해 이들 국가의 화폐가치가 폭락한다. 이때부터 비핵심대출이 중남미에서 대탈출한다. 중남미에 대규모 대출을 해줬던 미국은 위기에 처하고 중남미 국가들도 문제에 봉착했다.

비핵심대출로 들어온 돈은 서브프라임 모기지 사태 때에도 문제가 되어 금융위기를 더욱 촉발시켰다. 서브프라임 모기지 사태 때 미국 내부의 역외환 관련 은행이 위기에 처했다. FRB는 대단히 고민하게 된다. 예금자보호를 받지 못하는 은행이지만 그대로 두면 뱅크런(예금인출 사태)이 일어나 큰 문제를 일으킬 수 있기 때문이었다. 그만큼 시장이 엄청나게 커진 것이다. 현재는 어느 정도 규제가 들어간 듯하다.

자국 화폐인 달러가 기축통화의 지위를 지닌 미국은 장기국채를 발행해서 전 세계의 돈을 흡수한다. 지급 보장된 국채와 같은 안전자산을 미국 이외 국가와 기관으로부터 매입한다. 이렇게 흡수한 돈을 월스트리트에서는 단기로 전 세계에 비핵심대출 방식으로 뿌리면 달러가 순환되고 비핵심대출은 더욱 확장된다. 이는 국제금융이 성장한 방식이기도 한다. 월스트리트에는 전 세계 대부분 국가의 대형 은행이 있다. 이들은 서로 조달한 단기자금을 자국에 장기대출하여 수익을 얻는다. 비핵심대출은 은행 이외의 금융기관에서 많이 활용한다. 핵심은 미국이 정부에서 보장하는 장기대출금을 전 세계 금융기관에 단기로 대출했다는 것이다.

한국의 KHFC(한국주택금융공사)도 주택담보대출이나 우량자산을 담보로 커버드본드(우선변제권리가 부여된 채권) 등을 발행해 유로커런시시장에서 자금을 조달했다. 과거 대우그룹은 망하기 직전에 유로커런시시장에서 자금을 조달했다가 결국 늪에 빠졌다.

유로커런시시장은 세계적으로 상품 거래가 활발해지며 더욱 커졌다. 전 세계가 서로 자유롭게 왕래하고 무역 거래가 활발해지며 국제금융도 함께 성장한 것이다. 기업 간 자금을 무역을 통해 주고받는다. 이때 미국계 은행이나 금융기관이 유로커런시시장을 이용했는데 자금의 규모가 미국에서보다 훨씬 더 커졌다. 이를테면 서브프라임 모기지 사태 때 미국 AIG가 영국 런던에서 운영하던 AIG FP가 파산하며 본사까지 파산 위기에 몰렸을 정도로 미국 금융기관은 유럽에서 거래 자금의 규모가 크다.

이렇게 미국과 유럽의 금융시장은 직접적으로 얽혀 있다. 외환시장을 비롯한 금융시장은 국적을 따지지 않고 움직이기 때문이다. 단순히 거래되는 자금뿐만 아니라 파생시장까지 포함하여 성장했다. 이렇게 피아가 구분되지 않을 정도로 섞이고 엮여 있어 바젤3에서는 세계 금융에 위험이 빠르게 확산되는 걸 막기 위해 금융기관에 추가적인 자금 확보를 요구했다. 여러 금융기관끼리 불이 번지지 않도록 안전장치를 만든 것이다.

갑자기 '바젤3'이라는 단어가 나와 의아한 분들을 위해 부가설명을 하면 다음과 같다. 바젤1은 남미 금융위기가 생기며 이에 대응하기 위해 만들어졌다. 국제금융이 커진 1970년 이후 남미에서 금융위기가 발생했다. 2차 세계대전 이전에는 금융규제가 없었다. 이로 인해 여러 차례 금융위기가 일어났다. 2차 세계대전 이후 국제금융 흐름을 통제하게 된다. 이로 인해 비핵심대출인 외화대출이 최소화되면서 금융위기를 막을 수 있었다. 이런 상황에서 또다시 1970년대 이후 세계화와 함께 진행된 대출이 문제를 일으키며 이에 대한 방어책으로 만든 것이 바젤1이다.

바젤1이 발효된 후 1990년에 생각하지도 못한 일본 버블이 터진다. 이후에 은행의 자기자본비율을 더 올려 문제를 억제하려 했다. 아니, 문제가 없을 것이라 판단했다. 1990년대 후반 금융 상황의 급변으로 신규 협약이 필요해 바젤2를 만들어 2007년에 시행했다. 막상 서브프라임 모기지 사태가 일어나니 바젤1과 2를 모든 금융기관에서 우회로를 통해 전부 피하고 있다는 걸 알게 되었다. 이에 따라 자기자본 규제와 위험 통제 기구의 필요성이 대두되며 바젤3이 나왔다. 이제부터 진짜 자본을 축적해서 위험에 대응하라는 뜻이다. 대출을 대출로 막지 말라는 뜻이다. 20세기 초부터 은행은 갈수록 자기자본비율을 줄여가며 이익을 극대화했다. 그 극단에 서브프라임 모기지 사태가 있었다. 금융시장에 규제가 없을 때 위험이 어떻게 표출되는지 알려준 사건이다.

◈ 실물경제 위협 가능성이 커지는 금융시장

분명히 비핵심대출은 주택 가격의 움직임과는 무관해 보인다. 평온한 상태에서 비핵심대출은 아무런 영향도 미치지 못하는 것 같다.

그러나 위기가 찾아왔을 때 비핵심대출은 모든 것을 집어삼킨다. 늘 언급하는 투기자본이라는 용어나 위험선호자본은 언제나 좀 더 큰 수익을 노리며 돌아다닌다. 그것도 전 세계로. 바로 이 자본들이 비핵심대출의 핵심이다. 주택담보대출은 주로 은행에서 받는다. 은행은 고객의 저축을 이용해 대출을 해준다. 그러나 저축만으로 이 정도 대출이 가능하다고 보는가. 저축 대비 대출할 수 있는 지급준비율만으로 가능하리라 보는가. 이미 금융은 그 수준을 뛰어넘었다. 현대에 와서 호황은 대부분 대출에서 나온 돈의 힘 덕이다. 바로 이 대출에서 핵심 중 핵심이 비핵심대출이다. 위기가 오면 언제나 가장 먼저 빠져나가며 유동성을 흔들어놓는.

서브프라임 모기지 사태까지는 유로커런시시장을 통한 자금의 흐름이 어느 정도 추적 가능했다. 현재는 전 세계적으로 다시 호황기에 들어섰다. 미국은 이미 경제지표가 좋아지고 있다. 한국도 수출이 늘어나며 여러 곳에서 들썩거리고 있다. 그렇다면 분명 어디선가 돈이 들어왔다는 뜻인데 바로 비핵심대출로 들어온 돈이다. 그 돈들이 어디에서 왔는지 개인이 알기는 힘들다는 아쉬움이 있다. 다만 현재 미국 RP와 MMF 시장은 죽었다. 반면에 유럽은 아직도 상황이 좋다.

자본주의가 발달하며 규제보다 자유를 더 많이 허락하면서 국제금융의 크기가 실물경제보다 커져버렸다. 꼬리가 몸통을 흔들게 된 것이다. 금융이 실물경제마저 위태롭게 만들기도 하고 호황을 가져오기도 한다. 이런 상황이 오면서 국제적으로 공조하게 되었다. 공조라는 표현은 거창하고 아름답게 들리지만 실제로 전 세계적인 동조화가 발생하며 동시대성이 더 커졌다. 특정 국가만의 문제가 아닌 금융으로 엮인 모든 국가들은 동시다발적으로 경제와 경기가 좋아졌다 나빠진다. 한마디로 한 국가의 내부 정책만으로 쉽게 극복하기 힘들어졌다. 특히나 폐쇄되지 않은 금융시장을 보유한 국가일수록 더욱 심해졌다. 이렇게 금융자율화된 곳에 투기성 자본이 몰려다니며 수익을 극대화하고 해당 국가의 실물경제마저 흔들어놓는다.

미국과 일본, 유럽은 물론이고 한국도 공개된 시장이다. 금융거래가 자유롭고 활발하게 진행된다. 비슷하게 돈을 풀어야 하고 또다시 비슷한 시점에 돈을 거둬들여야 한다. 한 국가만 먼저 앞서거나 뒤처지면 안 된다. 그런 일이 발생할 때 시장은 영악하게 규제를 피하고 이익을 추구하며 움직인다. 이에 따라 금융시장은 요동치며 걷잡을 수 없게 된다. 특히나 동조화에 늦은 국가는 더욱 큰 영향을 받는다. 예를 들어 2018년 미국 GDP가 18조 달러인데 파생시장이 적게는 500조에서 많게는 1200조 달러다. 실물경제보다 무가치하다고 보는 파생시장의 규모가 훨씬 커졌다.

문제는 여기서 출발한다. 세계적인 불균형 상태가 지속되고 있다. 금융위기는 반복되고 있고. 이건 불태화정책(Sterilization Policy)에서 시작된다. 다양한 이유로 들어온 외화는 결국 물가를 자극한다. 많은 국가는 물가를 안정적으로 관리하기를 원한다. 물가 폭등을 원하지 않는 국가는 이렇게 들어온 돈을 자국이 아닌 해외로 돌려버린다.

대표적으로 독일은 하이퍼인플레이션을 경험했기에 인플레이션을 극도로 기피하고 싫어한다. 수출로 번 돈이 국내를 돌아다니면 인플레이션이 일어날까봐 염려한다. 그런 이유로 유로커런시시장 초기부터 지금까지 가장 대규모 자금 공급자가 바로 독일이다. 독일은 이 시장에서 계속 흑자를 보고 있다. 유로커런시시장에서 대규모 비핵심대출을 만들고 이 자금은 국가를 따지지 않고 핫머니 형식으로 돈이 되는 곳이라면 어디든지 간다.

비핵심대출은 위험 부담이 큰 곳에 더 적극적이었다. 유로커런시시장은 금리 제한이 없다. 그래서 자금이 더 활발하게 이동한다. 거기에 외화대출이니 규제도 덜 받는다. 도매금융시장에서는 금리가 더 싸게 먹혀 일반 저축으로 자금을 모집할 때보다 조달 금리를 줄일 수 있다. 대규모 부동산 관련 대출이 발생할 때 금융기관은 이런 방법으로 아주 손쉽게 돈을 차입해서 대출했다. 문제는 마지막에 나타났다. 1개월 단위로 빌려 10년~30년 장기대출을 하다 보니 만기가 미스매치되어 금융이 부동산을 잡아먹었다.

유로커런시시장이 성장하고 1970년대 미국의 금태환 정지 선언과 자유방임주의로 금융이 더욱 커졌다. 게다가 전 세계적으로 하나의 시장이 되며 국제교역은 더욱 커지며 이에 발맞춰 금융시장은 실물을 뛰어넘을 정도로 거대해졌다. 이렇게 커져버린 금융은 스스로 금융위기를 만들어낸다. 실물경제와 하등 상관없이 스스로 호황과 불황을 만들며 버블과 위기를 경험하게 만들어냈다.

다음은 실물경제와 상관없이 유동성 또는 비핵심대출로 인해 발생한 금융위기 사례다.

- 1970~1980년대 중남미 외환위기

- 1981~85년 아르헨티나 외환위기

- 1992~1993년 유럽 외환위기(EMS Crisis)

- 1994년 멕시코 금융위기

- 1995 아르헨티나 외환위기

- 1997년 동아시아 외환위기

- 1998년 러시아 모라토리엄

- 1999년 브라질 외환위기

- 1999~2002년 아르헨티나 금융위기

- 2006년 아이슬란드, 터키 등 신흥국 외환위기

- 2008년 미국 서브프라임 모기지 사태

- 2011년 그리스 재정위기

3장

부동산 가격은
어떻게
움직이는가

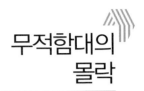

무적함대의
몰락

◈ **유입 인구가 많아 주택 수요가 많은 스페인**

한때 세계를 지배했던 스페인. 축구팬이라면 FC바르셀로나와 레알 마드리드의 치열한 축구시합이 펼쳐지는 엘 클라시코를 떠올릴 것이고, 축구팬이 아니라면 천재 건축가 가우디의 나라이자 정열의 나라로 인식할 것이다.

16세기 후반 해상을 지배하는 무적함대를 보유했던 스페인은 수많은 식민지 국가를 지배했다. 스페인은 이렇다 할 제조업이 발달하지 않았어도 선진국 대열에 서 있다. 남미, 아시아, 아프리카에 걸쳐 있는 식민지 국가들과 언어와 문화로 연결되어 있어 여전히 부의 원천이 되기 때문이다.

2000년대 초반 스페인의 부동산 가격이 엄청나게 상승했는데, 당시에는 전 세계적인 경기 확장, 발전과 궤를 같이 했기에 문제될 것이 없어 보였다. 1990년대 부동산 가격이 상승하기 전 스페인은 난개발로 인한 문제가 있어 지방정부에서 주택 건설을 어렵게 하는 법을 만들었다. 주택 공급의 중단은 수많은 전문가와 부동산 책에서 주장하듯 가격 상승의 주원인이다. 실제로 주택 건설 규제로 공급이 줄어들면서 이후 스페인의 주택 가격은 상승했다.

스페인은 지리적으로 아프리카 대륙과 가까이 있다. 지브롤터해협만 넘으면 곧장 아프리카다. 그러다 보니 스페인으로 일자리를 찾아 넘어오는 아프리카 젊은이들이 많다. 물론 스페인의 식민지 국가가 많았던 남미에서 이민을 오는 사람들도 많다. 단편적인 예로 스페인 프로축구 리그만 보더라도 수많은 선수들이 남미 출신이다. 이들은 언어가 비슷하고 자연환경이 쾌적한 스페인에 금방 적응한다. 이렇게 스페인은 이민자들이 많은 나라이다 보니 주택 공급이 줄어들면 당연히 주택 가격이 상승할 수밖에 없다.

◈ 유로존 출범으로 촉발된 비핵심대출 자금의 유입

스페인의 주택 가격을 상승시킨 다른 요인으로는 비핵심대출의 유입을 들 수 있다. 1999년에 스페인은 유럽연합 공통화폐인 유로를 국가통화로 사용하는 유로존에 가입했다. 유로존에 가입한 유럽연합 내 19개국은 유로화를 사용한다. 유로화의 도입으로 인해 신용도가 낮았던 스페인은 경제대국인 독일과 같이 저금리로 자금을 유입할 수 있게 되었다.

독일은 저금리를 유지하려고 노력한다. 자금 상황이 좋았던 독일 자본이 저금리를 피해 금리가 높았던 스페인으로 몰려들었다. 독일 뿐 아니라 스페인보다 금리가 낮은 유럽 국가들이 저금리로 일으킨 대출 자금이 스페인으로 유입되었다. 스페인에 유동성 자금이 넘쳐 나게 된 것이다. 이렇게 유입되는 자금이 앞 장에서 언급한 비핵심대출이다. 비핵심대출 자금은 단기대출이었다.

쾌적한 자연환경을 자랑하는 스페인은 유럽 내에서도 손꼽히는 살기 좋은 나라이다. 반면 북유럽은 날씨가 늘 우중충하고 춥다. 당신이 부자라면 날씨가 늘 좋은 곳과 우중충한 곳 중에 어디를 택하겠는가? 유로화를 단일 화폐로 쓰기 시작하면서 북유럽의 부자들이 스페인에서 주택을 대거 매입하기 시작했다. 그들에게 스페인은 따뜻한 곳에서 휴양도 즐기고 추운 겨울을 피할 수 있는 최적의 장소였다. 유로존의 탄생으로 돈의 흐름이 자유로워졌을 뿐 아니라 사람들의 이동도 더욱 자유로워졌다. 스페인으로 여행을 오는 북유럽인들뿐 아니라 노후를 위해 이민을 오는 사람도 많아졌다. 스페인이 최고의 휴양지이자 노후 휴식처가 된 것이다. 이러한 흐름에 중국인들도 가세했다.

전 세계 자산을 들썩이게 하는 중국인들까지 등장하자 스페인 주택 가격은 멈출 줄 모르는 기관차처럼 상승하기 시작했다.

돈이 넘치고 주택을 구입하려는 사람들이 끊임없이 유입되는 데 주택 공급은 제한적이었다. 주택 가격의 상승은 도리어 투자자산으로서 주택의 매력을 높여 주택을 구입하려는 사람들이 더 늘어났고 주택 가격은 더욱 상승했다. 보유한 주택 가격이 상승하니 부동산 투자자들에게는 즐거움만 가득했다. 서브프라임 모기지 사태가 터지며 비핵심대출 자금이 스페인을 급격히 빠져나가기 전까지 말이다. 영원할 줄 알았던 가격 상승 흐름이 가격 폭락으로 전환되었다. 스페인 부동산시장의 환경은 달리 변한 것이 없었다. 이민자의 행렬은 여전히 계속되고 있고 쾌적한 자연환경도 변함이 없다. 그럼에도 주택 가격이 폭락했다. 독일을 비롯해 스페인보다 금리가 낮은 나라에서 유입된 대출금이 빠져나갔다. 외국에서 유입된 돈과 도매금융시장에서 빌린 돈이 금융위기가 닥치자 전부 빠져나가며 생긴 현상이다.

이제부터 많은 국가를 살펴보고 다양한 원인과 결과를 논하게 되겠지만 신기하게도 마지막은 동일한 걸 확인하게 될 것이다. 이 책에서 지속적으로 쉬지 않고 언급하는 비핵심대출이 바로 모든 것의 시작이자 종결이었다는 사실을.

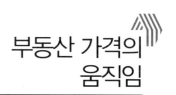

부동산 가격의
움직임

◈ 세계 부동산 가격은 같은 방향으로 움직인다

　인간의 수명은 몇십 년 전만 해도 50세~60세 정도였으나 의료기술과 생활환경의 발달로 이제 평균수명 100세 시대에 가까워지고 있다. 인간과 달리 부동산의 수명은 수천 년에 이르기도 한다. 물론 토지의 수명이야 영원에 가깝다고 해야겠지만. 그럼에도 부동산 가치를 평가하는 도구가 일정하지 않아 그동안 가격을 측정하기 어려웠다.

　과거와 달리 이제는 모든 걸 가격으로 평가할 수 있는 시대다. 현대 경제학은 그동안 들쭉날쭉했던 부동산을 평가하기 시작했다. 부동산을 평가한다는 것은 돈으로 얼마의 가치를 지니는지를 밝히는 것이므로 가치척도가 정립되어야 한다. 부동산 평가가 가능해진 것은 금본위제가 시작되면서부터라고 볼 수 있다. 금본위제란 순금 1온스 =35달러(1944년)라는 식으로 화폐 가치를 금의 가치와 연계시키는 화폐제도를 말한다. 화폐가치가 금의 가치에 고정되니 부동산 가치를 '얼마'라고 평가할 수 있게 된 것이다.

부동산 가격의 변화에 대한 기록은 1870년부터 존재하니 부동산 평가가 가능해진 것은 대략 150년 전부터다. 150년의 기록만으로 모든 것을 알 수는 없겠지만 주요 선진국인 14개국 이상의 데이터를 연구한 것이라 부동산 가격의 일정한 경향성은 충분히 보여주고 있다. 150년보다는 짧지만 부동산 가격 변화의 연구 대상이 되는 국가는 지금도 지속적으로 늘어나고 있다.

이런 의문을 제기할 수 있다. 부동산은 다른 자산과 달리 움직일 수 없는 부동성과 늘어나지 않는다는 부증성을 지니기 때문에 나라마다 달리 봐야 하는 것 아닌가 하는 의문 말이다. 나라마다 처한 상황이 다른데 국제 부동산 가격의 시세를 파악하는 게 가능할까?

부동산 가격의 움직임이 나라마다 다르게 나타날 것이라고 생각하는 사람들이 많겠지만 전 세계 부동산 가격은 비슷하게 움직이는 경향이 존재한다. 가격이 동일하다는 뜻이 아니다. 서울과 부산의 주택 가격도 다른데 전 세계 부동산 가격이 동일할 수는 없다. 어디까지나 같은 방향으로 움직이는 경향이 있다는 뜻이다.

◈ 시기에 따른 부동산 가격의 움직임

전 세계적인 부동산 가격의 움직임을 다음과 같이 세 시기로 나누어 살펴보겠다.

- 1기 1870년부터 2차 세계대전까지
- 2기 2차 세계대전 직후부터 1980년까지
- 3기 1980년부터 현재까지

1기인 1870년부터 2차 세계대전까지의 부동산 가격은 약간의 등락은 있었지만 거의 일정한 모습을 보였다. 실질 가격을 기준으로 보면 물가 상승분 정도 오른 수준이다. 한마디로 이 기간에는 부동산 가격이 크게 오르지도 크게 내리지도 않고 물가 상승분만큼 올랐다. 선진 14개국의 부동산 가격은 비슷하게 움직였다. 특정 국가는 좀 더 올랐을 수 있다. 그중에서도 수도나 대도시는 더 많이 올랐을 수도 있다. 비슷하게 움직였다는 것은 평균이 그렇다는 의미다.

대부분의 국가에서 부동산 가격은 안정적으로 움직였다. 1870년에서 2차 세계대전까지 대다수의 나라는 가구수에 비해 주택 공급이 부족했고 인구는 급격히 늘어났다. 해외 인구의 유입도 아주 활발한 시기였다. 게다가 주택소유자는 아주 소수였고, 대다수는 임차인 신세였다. 당시 대도시의 교육환경, 생활환경은 그 외의 지역과는 비교

자체가 불가능할 정도로 하늘과 땅만큼 차이가 컸다. 이런 상황에서도 1870년에서 2차 세계대전까지는 주택 가격이 거의 오르지 않은 시기라고 볼 수 있다.

2기인 2차 세계대전 직후부터 1980년까지 주요 선진국은 주택 공급을 늘리는 데 공을 들였다. 전쟁은 끝났고 부서진 주택을 빨리 공급해야 했다. 아주 거대한 부동산 장이 열렸다. 1960년에서 1970년 사이 대부분의 나라에서 전후 복구를 마치고 사회 분위기가 안정되자 출산율이 늘어나고 주택을 구입하면 국가에서 많은 도움을 주었다. 특히나 이 시기는 서구 유럽 국가들이 복지국가 체제를 확립해간 시기였다.

거의 100년 동안 전혀 움직이지 않던 부동산 가격이 1960년부터 1979년 사이에 빠른 속도로 올랐다. 전 세계적으로 부동산 가격이 오른 것은 사실상 처음이었다. 당시는 선진국들의 도시화가 진행되던 시기이니 그로 인해 주택 가격이 상승한 것으로 생각할 수도 있다. 그러나 그랬다면 주택 가격만 올라야 하는데 농지 가격도 올랐다. 농지 가격까지 상승했다는 것은 부동산 가격이 움직이기 시작했다는 뜻이다. 그것도 부동산 가격의 상승률이 물가상승률을 상회할 정도였다.

이 시기를 지나 1980년대가 되자 전 세계적으로 물가가 치솟았다. 물가가 상승하니 물가를 잡기 위해 금리를 올리기 시작했다. 중요한 점은 금리를 올려 물가가 오른 것이 아니라는 사실이다. 물가가 오르니 물가를 잡으려고 금리를 올렸다는 점이다.

이런 현상이 발생하자 부동산은 어떻게 되었을까? 금리가 올랐으니 부동산 가격이 떨어졌을까? 아니면 물가가 올라갔으니 이에 대한 헷지용으로 부동산을 구입해 오히려 가격이 올랐을까? 결론을 말하자면 부동산 가격은 올랐다. 금리가 오르면 부동산 가격이 떨어진다는 논리는 잘못되었다. 이 시기에는 금리가 오르며 주택 가격도 빠르게 동반 상승했다.

물가가 상승했으니 물가를 반영해 그렇게 된 것이라고 말할 수도 있다. 물가 상승분을 제외한 실질 부동산 가격으로 따져봐도 꾸준하게 상승했다.

3기인 1980년부터 현재까지는 금리가 점차적으로 내려오는 금리 완화기라고 할 수 있다. 보통은 금리가 하락하면 주택 가격이 상승하고, 물가도 떨어지며 주택 가격도 하락한다고 알려져 있다. 그러나 실제로 따져보면 이미 우리가 경험한 것처럼 주택 가격은 부침은 있었을지언정 계속해서 상승했다. 심지어 이전 시기보다 더 빠르게 상승하고 있다. 인구성장률은 줄어들고 빠른 속도로 고령화가 진행되고 있다. 그럼에도 주택 가격이 상승해왔다. 미친 듯이 더 많이 상승한다.

우리 기억은 자신에게 유리한 정보만 선택적으로 받아들이는 확증편향 성향이 있다. 주택 가격이 상승하는 걸 본 사람은 상승에만 주목하고, 주택 가격이 하락하는 걸 본 사람은 하락에만 주목하게 된다는 말이다. 주택 가격이 전 세계적으로 동조화되면서부터 주택 가격은 길게 볼 때 짧은 하락 후 길게 상승하는 하키스틱 곡선을 그리고 있다. 하키스틱 곡선이란 하키스틱처럼 조금 내려갔다 더 많이 쭉 올라가는 모양의 곡선을 말한다.

부동산시장에는 미신 같은 신화가 있다. 한국이 일본처럼 된다는 것이다. '잃어버린 20년'을 경험한 일본의 부동산 가격이 하락한 후 동결된 것은 잘 알려져 있다. 이런 국가를 찾기가 더 힘들 정도다. 딱 하나 더 찾는다면 독일을 들 수 있다. 1990년에 무너진 일본보다는 다소 늦게 시작되었지만 독일의 주택 가격도 하락 및 안정화되었다. 이두 국가를 이해하기 위해서는 유럽의 버블을 알아야 한다. 1990년 일본의 부동산 가격이 폭등할 때 일본뿐 아니라 다른 선진국들도 그랬다. 다음 절에서 이에 대해 알아보자.

유동성이
시작되었다

◈ 베트남전쟁과 미국의 금태환 정지 선언

경제뉴스 헤드라인에 자주 등장하는 용어 중에 '동조화'라는 말이 있다. 세계화라는 말은 들어봤을 것이다. 세계화는 세계 경제 흐름에 영향을 받는다는 것이고 동조화는 함께 움직인다는 뜻이니 결국 모두 같은 말이다. 동조화는 주식 투자에서 쓰는 커플링(coupling)과도 같은 개념이며, 반대 개념인 디커플링(decoupling)은 탈동조화에 해당한다.

인터넷 등의 기술발달과 과거와는 비교도 되지 않는 교통수단의 발달은 시간과 장소의 한계를 없애버렸다. 세계 어느 곳이든 거의 실시간으로 비슷한 움직임이 진행된다. 다른 영역처럼 금융에서도 똑같은 일이 발생했다. 이렇게 전 세계적인 동조화는 주요 선진국의 대도시에서 더욱 강하게 나타났다. 세계적인 동조화 현상은 부동산시장에도 영향을 미쳤다. 우리에게는 덜 알려졌지만 1990년대에는 일본뿐 아니라 북유럽에서도 부동산 버블이 일어났다. 이 같은 동조화가 시작된 배경을 알아보자.

1970년대는 정부가 하나부터 열까지 전부 개입하고 관리하고 통제하고 이끌어가는 정부만능시대였다. 당시 미국은 베트남전쟁에 개입하면서 엄청난 전쟁비용을 지출해 재정적자가 늘어났다. 미국의 달러 유출로 인해 달러 가치가 저하되어 달러를 기본 축으로 하는 유럽경제까지 어려워졌다. 게다가 미국 내에서는 불평등 해소를 위한 사회 복지 프로그램을 도입하기 위한 재원 마련 방안을 논의 중이었다.

전비 지출로 인한 재정적자가 해소되지 않자 미국 정부는 1971년 금태환 정지를 선언함으로써 돈을 마음껏 찍어내기로 한다. 미국 정부는 어떻게 돈을 마음대로 찍어낼 수 있을까? 원래 달러는 금 보유량만큼 발행해야 하기 때문에 미국은 돈을 풀고 싶어도 풀 수가 없었다. 금태환을 정지한다는 것은 금과의 관계를 끊어 금 보유량과 상관없이 화폐를 발행할 수 있게 되었다는 것이다.

자금 확보가 시급했던 미국 정부가 세상에 달러를 풀자 전쟁과 사회발전에 돈이 들어가기 시작했다. 그리고 시중에 뿌려진 돈은 물가를 자극해 인플레이션이 발생한다. 정부 입장에서 과도한 물가 인상은 사회불안 요소가 되므로 막아야 한다. 물가를 통제하는 가장 손쉬운 방법은 법으로 가격을 올리지 못하게 하는 것이다. 현대에 들어서는 이런 방법을 직접적으로 적용하기 힘들어 기업을 유도하는 간접적인 방법을 쓰지만 당시에는 직접적인 방법도 썼다.

그러나 가격통제 효과는 의도한 대로 나타나지 않았다. 가격을 통제하자 오히려 물건을 구입하기 위해 줄을 길게 서야 하고 대중의 살림살이는 더욱 팍팍해지고 사회불안은 가중되었다. 게다가 베트남 전쟁 중이었기 때문에 전쟁터로 빠져나가는 물자가 많다 보니 물가는 오르는데 물건은 늘 부족했다. 거기에 1973년 1차 오일쇼크까지 발생해 기껏 푼 돈은 석유보유국으로 빠져나갔다. 석유값은 천정부지로 치솟고, 경기침체와 물가 상승이 동시에 나타나는 스태그플레이션을 경험하게 된다. 가격이 오르면 경제원리상으로는 물자를 더 많이 생산해야 한다. 가격이 통제되니 자본주의 경제임에도 물자 생산이 늘어나지 않았다. 그렇게 물자 부족이 시작된 것이다.

정부가 개입해 경제가 더 나빠졌다고 생각하게 된 사람들은 불평등 해소를 위해 필요했던 복지제도도 정부가 개입한다는 점 때문에 불신하게 된다. 자본주의 국가에서 이런 상황은 '국가의 실패'로 규정된다. 이런 시대 상황과 맞물려 1970년대 미국과 영국에서 정부 역할의 축소에 대한 논의가 활발하게 진행되고 정부 개입이 점차적으로 줄어들게 된다. 이때 자유를 추종하는 신자유주의가 태동하고, 1980년대에 들어서는 신자유주의가 사회를 지배하게 된다.

◆ 부동산 가격을 움직이는 건 유동성이다

　신자유주의는 영국의 대처 수상과 미국의 레이건 대통령이 권력을 잡으며 정점에 이른다. 1980년이 되며 전 세계적으로 고금리시대에 돌입했다. 흥미로운 점은 이 당시 선진국들의 주택 가격이 상승하여 정점을 찍었다는 것이다. 금리와 자산 가격이 역의 상관관계를 띤다면 금리가 올랐으니 주택 가격이 하락해야 하는데 금리와 주택 가격이 동반 상승해버렸다.

　자산 가격은 물가에 대한 헷지 기능이 있다. 돈의 가치가 훼손되는 걸 자산 가격의 상승으로 상쇄시키는 것이다. 물가가 오른다는 것은 금리가 상승한다는 의미다. 물가가 오르니 자산 가격이 상승한다. 부동산은 대표적인 실물자산으로 물가가 상승하니 가격이 민감하게 반응하며 오른다. 금리는 중력과 같아 부동산 가격을 하락시킬 것 같은데 그렇지 않다. 금리와 자산 가격은 반대로 움직이지 않는다.

　앞에서 '유동성=구매력'이므로 유동성이 늘어난다는 것은 구매력이 커진다는 뜻이라고 했다. 사람들이 물건을 사면 물가가 오른다. 물가가 오르면 물가 안정을 위해 당국은 금리를 올린다. 유동성이 증가하면 주택 가격이 오르는 결과를 가져온다. 의심이 난다면 관련 데이터를 찾아 둘의 상관관계가 역인지 동행인지 확인해보기 바란다.

　물가가 하락하면 당국은 금리를 내린다. 물가 하락으로 인한 구매력 약화를 막기 위한 조치이다. 금리가 내리면 시중에 유동성이 증가하며 주택 가격 상승이 촉발된다. 이건 누구나 다 인정한다. 이렇게 볼 때 금리가 상승하면 물가와 주택 가격이 상승하고 금리가 하락하면 시중 자금이 부동산시장으로 유입되어 주택 가격이 상승한다. 이상하다. 금리가 올라도 주택 가격이 상승하고, 금리가 내려도 주택 가격이 상승한다. 핵심은 금리가 반드시 주택 가격에 큰 영향을 미치지 않는다는 것이다. 금리가 올라 주택 가격이 부담스러워 팔았다는 이야기를 들어본 적이 있는가? 금리는 참고사항일 뿐이다. 핵심은 유동성(=구매력)이다.

1970년대 후반 전 세계적으로 유동성이 흘러 넘쳐 온갖 자산 가격을 들썩이게 만들었다. 미국에서 나온 돈이 전 세계로 퍼지며 가는 곳마다 해당 국가의 자산 가격을 상승하게 만들었다. 가장 큰 이유는 미국의 적자다. 미국은 무역수지는 물론이고 재정수지마저도 적자였다. 이는 달러 약세를 유발한다. 적자가 났다는 것은 달러가 유출되었다는 뜻이다. 이는 미국이 물품을 수입하고 달러를 수출한 것으로도 볼 수 있다. 엄청난 적자 뒤에는 엄청난 달러 수출이 내포되어 있다. 달러인덱스(세계 주요 6개국 통화를 기준으로 산정한 미 달러화 가치를 지수화한 것)의 하락은 전 세계 유동성을 증가시키며 자산 가격을 상승시켰다. 석유·금·은 등의 원자재 가격은 물론이고 주택 가격 등 대부분의 자산 가격이 상승했다.

상황이 이렇게 되자 미국 FRB 의장인 폴 볼커(1979년~1987년 재임)가 작정하고 금리를 계속해서 올리며 고금리의 고통을 안겼다. 미국 금리가 오르자 수많은 해외 딜러들은 안전자산 측면에서 미국 채권을 매수한다. 전 세계로 풀렸던 달러가 다시 미국으로 회귀하는 효과가 실현된 것이다. 이는 곧 달러 강세로 이어지고, 미국 외 국가들은 유동성이 줄어들게 된다.

유동성이 줄어들자 상승 추세이던 부동산 가격 흐름이 멈추게 된다. 이러한 흐름은 어느 특정 국가에서만 나타난 것이 아니다. 전 세계적으로 거시적인 변화가 이뤄져 부동산 가격 동조화 현상이 일어났을 뿐이다. 이 직전의 동조화 현상은 1970년 무렵에 선진국을 중심으로 일어났다. 글로벌한 시대가 되며 어디라고 할 것 없이 전 세계가 함께 움직인다. 예를 들어 미국이 금리를 올리면 전 세계 은행은 시차를 두고 금리를 올린다. 금융이 발달한 곳은 더더욱 그렇다. 1980년대 세계적인 동조화 때 한국 주택 가격도 정점을 찍었다. 어렴풋이 느껴지는가. 단순히 입지나 학군 등과 같은 지엽적인 문제로만 부동산 가격이 상승하는 게 아니라는 사실을. 더 큰 그림을 봐야 한다. 당신의 소중한 돈을 지키고 싶다면.

금융시장 개방과
부동산 버블

◈ **유럽연합의 탄생과 금융규제 완화**

1980년부터 전 세계에 신자유주의의 물결이 거세게 밀려오기 시작한다. 모두가 잘살게 될 거라는 희망에 벅찬 꿈을 갖게 되었다. 신자유주의는 단어 그대로 많은 부분에 있어 규제보다 자율로 갔다. 그래야 자유롭게 무엇이든 할 수 있지 않겠는가. 먼저 금융개혁이 시작된다. 처음부터 쉽지는 않았다. 지금은 미국이 신자유주의를 이끄는 리더 역할을 하고 있지만 당시만 해도 미국은 금융시장을 꽁꽁 묶어 놓고 있었다.

지금도 금융시장에서 미국과 양대 산맥을 이루고 있는 영국은 이틈을 놓치지 않았다. 영국은 유로커런시시장을 통해 미국 달러가 유입될 수 있는 기회와 놀이터를 마련한다. 유로커런시시장은 유로달러시장이라고도 불리는 곳에서 미국 밖으로 유출된 달러를 서로 빌리고 빌려주며 형성된 금융시장이다. 미국 내에서는 지급준비율이나 최고 이자율 같은 금융규제가 적용되지만 유로커런시시장에는 이런 규제가 적용되지 않는다. 따라서 훨씬 더 공격적이고 위험한 대출이 가능했고, 더 높은 이자를 받을 수 있으니 유로커런시시장에서는 달러가 마구 유통되었다.

1993년 유럽에서 제일 중요한 사건, 유럽연합이 탄생했다. 수많은 유럽 국가들이 유럽연합에 모여든다. 이합집산한 국가들은 각자 제도와 규제가 있다. 또 규제가 강한 국가도 있고 약한 국가도 있었다. 규제가 강한 국가는 유럽연합에 들어가기 위해 어쩔 수 없이 규제를 풀어야 했다. 여러 국가를 하나의 국가처럼 통합하려면 규제와 제도 등이 비슷하게 적용되도록 만들어야 하기 때문이다.

약한 국가는 자국 산업을 보호하기 위해 부족한 부분이 성장할 때까지 국가 차원에서 보호하기 위해 많은 규제를 둔다. 작은 국가에서 자국 중심의 규제는 선택이 아닌 필수일 수밖에 없다. 그러나 규제가 적은 선진국은 약한 국가에 규제를 풀 것을 요구한다. 규제에 묶이면 해당 국가에서 제대로 된 활동을 하지 못한다는 이유에서다. 이런 상황에서 유럽연합에 가입한 모든 국가의 제도를 통일해야 하니 인적, 물적, 자본, 서비스의 자유로운 이동을 막는 규제를 풀었다.

한국은 IMF 외환위기 이전까지는 규제 천국이었다. 한국의 금융은 산업자본 위주로 움직였다. 특히 금융 관련 규제가 많아 주택담보 대출을 받기도 어려웠고, 소비자 금융도 발달하지 않았다. 연봉 1억 원을 받는 대기업 직원이라고 해도 미혼여성이라면 아파트 구입 시 대출을 받기 어려울 만큼 개인금융이 발달하지 않았었다. 금융시장이 개방되기 전까지 한국은 정부 주도의 관치금융이 판치는 금융후진국 이었다. 말도 안 되는 규제가 넘치니 제대로 된 금융시장이 형성될 수 가 없었던 것이다.

IMF의 권고를 받아들여 한국 금융시장이 본격적으로 개방된 것 은 2000년부터다. 기업들의 부도가 늘어나 대출금 회수로 골머리를 앓던 금융기관도 개인금융으로 방향을 선회했다. 덕분에 아파트를 구 입하고, 주택을 매수하고, 땅을 사면서 은행에서 대출을 받기가 쉬워 졌다. 기존 부동산 자산 보유자들도 부동산을 담보로 자금을 마련해 다른 일을 도모해볼 수 있게 되었다.

◈ 유동성 확대가 부른 자산 가격의 버블

한편 유럽에서는 유럽연합의 탄생으로 한국처럼 금융규제가 많 았던 국가들이 어쩔 수 없이 규제를 풀기 시작했다. 개인에게도 돈을 빌려주고 해외에서도 아무런 제약 없이 돈이 유입되었다. 돈이 넘쳐

흐르니 돈 잔치가 벌어졌다. 누구나 돈을 빌릴 수 있게 되었다. 빌린 돈이 부동산시장으로 유입되며 주택 가격이 상승한다. 북유럽 국가를 비롯한 스위스 등에서는 부동산시장에 버블이 형성되었다.

금융시장이 개방되면 본격적으로 돈이 유입되고 유동성 확대로 인해 버블이 시작된다. 그동안은 국가에서 금융규제를 통해 민간으로 돈이 흘러들어가지 못하도록 막았던 것이다. 규제가 풀리면 돈이 유입된다는 것은 국가에서 돈을 찍어낸다는 게 아니다. 국가에서 발행하지 않은 돈이 외부에서 들어오면 지금까지 가지 않았던 곳을 마구 휘젓고 돌아다닌다.

다시 한 번 일본을 보자. 일본 버블은 금리 인하와 재정확장으로 인한 탓이 가장 크다. 그 외 버블의 원인으로는 일본 대기업들이 유로커런시시장에서 직접 대출을 받거나 상장을 통해 자금을 확보한 것을 들 수 있다. 유로커런시시장을 통한 직접 대출은 국내가 아닌 해외에서 자금이 유입된 것이다. 이 돈이 어디로 가겠는가? 북유럽 국가와 스위스에서의 부동산 버블과 마찬가지로 일본에서도 유동성 증가로 부동산 버블이 형성된 것이다.

버블 이전까지 일본은 금융시장이 완전하게 개방되지 않아 기업이 자금을 융통하려면 일본 대장성(지금의 재무성)의 통제를 받았다. 마음 놓고 자금을 차입하기 힘들던 일본 기업들은 금융자율화로 눈치보지 않고 마음껏 자금을 차입할 수 있게 되었다. 이걸 무시할 수 있는 기업은 없다. 이때부터 일본 기업은 작정하고 될 수 있는 한 많은 돈을 차입했다. 그리고 그 돈으로 투자를 했다. 투자를 조금 한 것이 아니라 엄청나게 했다. 과잉투자, 과잉설비는 버블 붕괴 후에도 두고두고 일본 기업들의 골칫거리가 되었다.

까놓고 이야기해서 국가가 찍어낸 돈이 자국 내에서만 돌아다닌다면 큰 문제가 되지 않을 수 있다. 물론 정부에서 잘 통제하고 조절해야겠지만. 문제는 해외에서 들어온 돈이 통제를 벗어날 때 발생한다. 북유럽 국가나 일본의 부동산 버블은 해외에서 본격적으로 돈이 들어오면서 생겼다. 이건 최근 몇 년 동안 제주도를 봐도 알 수 있다. 중국인이 제주도 땅을 매입하며 부동산 가격이 들썩이며 곳곳이 난리였다. 돈 자체는 비록 원화였을지라도 마중물 역할로 시중에 돈을 돌게 만들며 부동산 가격을 움직였다. 일본도 금융자율화 이후 해외 자금이 들어오고, 북유럽이나 제주도도 외부에서 돈이 들어오면서 부동산 가격이 들썩인 것이다.

외국에서 차입한 돈을 비핵심부채라고 한다. 이 돈이 국내에 유입되었고 자산 버블을 열심히 만들며 이익을 낸 후에 위험이 감지되면 그 어떤 것보다 먼저 도망간다. 이런 패턴이 진행된 지역은 버블이 순식간에 터진다. 지금까지 무엇 때문에 내 자산이 갑자기 꺼졌는지 이유도 몰랐을 것이다. 왜 그런 일이 발생했는지 이해되었는가? 드디어 조금 느끼게 되지 않았나? 더 가보자.

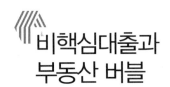

비핵심대출과
부동산 버블

◆ 영국, 일본, 미국… 세계 곳곳에서 일어난 버블

　잘 알려지진 않았지만 1980년대 영국에서는 토지 가격이 10배 정도, 유럽의 여러 나라에서는 상업용 건물의 가격이 4배 정도 상승하는 버블이 일어났다. 관심을 가지고 들여다보면 버블은 일본뿐 아니라 전 세계 어디서나 나타나는 현상이다. 1980년대 유럽 부동산도 일본의 상승률과 거의 비슷한 정도의 어마어마한 거품을 경험했다는 것이다.

　플라자합의에 대해 들어본 적이 있는가? 1985년 9월 미국, 프랑스, 독일, 일본, 영국 다섯 나라의 재무장관이 미국의 달러화 강세를 완화할 목적으로 플라자 호텔에서 한 합의이다. 이때까지도 미국이 전 세계에 푼 달러 중에 돌아오지 않은 돈이 있었다. 유럽이라고 예외는 아니었는데 다른 지역보다 더 많은 돈이 돌아다녔다. 유럽을 돌아다니는 그 돈들은 해당 국가의 유동성을 증가시키고 건물 가격을 올리며 사람들에게 환상과 만족을 안겨주었다.

이런 상황에서 플라자합의가 이뤄졌다. 그 후에 더 중요한 루브르합의가 있었다. 플라자합의에 참여했던 이들은 달러 가치가 안정화되길 원했으나 1년 후에 달러 가치가 반으로 떨어지는 상태가 되었다. 이에 지난 합의에 참석한 5개국 외 캐나다 재무장관까지 참석해 환율 안정화를 위해 1987년 2월 루브르합의가 이루어졌다. 또다시 금융위기가 전 세계를 휩쓸까봐 두려워 열린 회의였다. 루브르합의에서 감세와 경기부양, 내수 확대를 목표로 합의한다. 합의대로 되지 않으며 1987년 10월 19일 뉴욕 증권시장에서 주가가 대폭락한 블랙먼데이를 맞이했다.

플라자합의와 루브르합의를 가장 충실하고도 확실히 지킨 나라는 일본이었다. 참여한 국가의 면면을 보듯이 일본이 돈을 풀어 부동산 가격이 상승한 것처럼 다른 국가도 마찬가지였다. 제주도 사례에서 언급한 것처럼 비록 일본 돈이 저들 국가에 들어갔을지라도 촉매제 역할만 했다. 그보다는 미국에서 풀린 달러가 유입되며 유동성이 확대되었다. 여기에는 금융완화 정책이 한몫했다. 전반적인 부동산 가격의 상승은 거기에서 출발한다. 북유럽은 규제를 풀어 버블이 일어난 상태였고 스위스도 마찬가지로 규제를 풀면서 버블이 일어났다.

냉전체제이던 독일은 미국의 압력을 못 이겨 돈을 풀었다. 프랑스와 영국은 자유진영의 미국을 구하기 위해 열심히 돈을 풀어 부동산 가격이 올라가고 있었다.

루브르합의로 미국의 적자가 정리되자 미국은 더 위험해지기 전에 돈을 회수하기로 한다. 기준금리를 상승시킨 것이다. 통화정책으로 풀린 돈이 금리 상승으로 다시 미국으로 돌아오기 시작했다. 1990년 버블이 정점에 이른 일본도 부동산 경기가 꺾이며 전 세계에 퍼졌던 엔화가 다시 본국으로 철수한다. 이와 함께 유럽 버블도 주춤하며 한풀 꺾이게 된다.

이전까지 미국도 서부와 동부 양쪽 해안 지역에서 부동산 버블이 일어났다. 루브르합의 전까지 유동성을 푸는 정책을 계속했던 미국의 재정적자가 계속되고, 무역수지도 적자였지만 그 덕분에 외부에서 들어온 돈이 시중에 돌아다녔다. 이런 와중에 바로 일본 엔화가 큰 불을 질렀다. 일본에서 건너온 돈이니 미국 입장에서는 비핵심대출이다. 그 돈이 서부 해안과 동부 해안에 들어가 부동산 버블을 일으킨 것이다. 그 당시에 미국뿐만 아니라 캐나다 부동산시장도 일본인들이 휩쓸고 지났다. 더 시간이 지난 후 한국 사람들도 와서 티를 좀 냈고 최근에는 중국 사람들이 완전히 휩쓸고 다니며 캐나다 주택 가격이 미친 듯이 상승했다. 이렇게 외부로부터 유입된 돈은 한 나라 경제의 균형을 망쳐버릴 위험이 있다.

◆ 비핵심대출 시장의 확대

서서히 1990년대로 진입하는 와중에 유럽에서는 유럽연합을 출범시키기 위한 논의가 진행되었다. 유럽연합의 창설을 위해 각종 규제를 약화시키고 금융규제를 풀어버렸다. 거기에 미국도 경제를 살리기 위해 열심히 돈을 풀고 있었다. 이런 와중에 유럽에서 어마어마한 이벤트가 발생한다. 생각지도 못한 서독과 동독의 통일이었다. 갑자기 유럽 한 가운데 독일이 완전체로 나타난 것이다. 엄청나게 많은 돈이 필요해졌다.

그 후에 유로존이 탄생하며 국가간 금리가 동등해졌다. 그 과정에서 다시 돈이 움직이기 시작했다. 돈은 돈 냄새를 맡으면 어디로든 움직일 것 같지만 위험을 극도로 싫어한다. 안전하게 이익을 내고 싶어 한다. 안전하게 수익을 올릴 수 있다면 굉장히 적은 이자에도 돈이 움직인다. 물론 큰 이익을 노리고 위험을 감수하며 모험에 베팅하는 자본도 있지만, 대부분의 자본은 안전을 최우선으로 하며 위험한 곳에는 투자하지 않는다.

유로화가 도입되자 그리스와 스페인 같은 저신용 국가도 신용이 높아진 것으로 보이게 되었다. 과거에는 위험하다며 들어오지 않던 돈이 그리스를 포함한 재정이 좋지 않은 나라에도 유입되기 시작했다. 할아버지, 할머니가 열심히 모은 노후 자금이나 아이들의 코 묻은 돈도 이제는 은행을 통해 PIGS(포르투갈, 이탈리아, 그리스, 스페인)라 불리는 남유럽의 저신용 국가로 쏟아져 들어왔다. 이들 국가에 유입된 돈은 해외에서 차입된 것이니 비핵심대출이다.

이런 비핵심대출의 특징은 문제가 생기거나 사고가 터지면 아주 잽싸게 도망간다. 독일에서 그리스에 대규모로 빌려준 자금이 그리스에서 사고가 나자 그 즉시 빠져나갔다. 우리나라의 IMF 외환위기 때 외화차입금이 눈 깜짝할 사이에 사라진 것과 같다. PIGS 국가에 돈을 빌려준 국가는 독일, 프랑스, 영국이었다. 그중에서도 독일은 외화가 들어오면 시중에 풀리기 전에 거두어들여 해외로 열심히 보냈는데, PIGS 국가들이 그 돈을 가장 많이 차입했다. 특히 이탈리아는 프랑스에서 차입한 돈이 많았다.

이렇게 외부로부터 차입한 돈이 많은 국가에서는 언제 어떤 일이 벌어질지 모른다. 비핵심대출이 늘어나 돈이 넘쳐나니 주택 가격은 물론이고 주식 등 자산 가격이 상승한다. 가격이 상승하면 더 큰 상승을 기대하며 너도나도 자산을 구입하려 한다. 이 덕분에 경기가 좋아진다. 누구나 좋아하는 일이 유지되며 행복한 시기가 펼쳐진다. 이런 일은 딱 한 번이면 족하다. 사고가 나서 비핵심대출이 빠져나가면 해당 국가는 엄청난 충격을 받는다. 행복했던 나날이 이유도 모른 채 하루아침에 박살나게 되는 것이다.

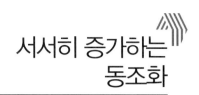

서서히 증가하는 동조화

◆ **1990년~2010년까지 버블을 비껴간 독일 주택**

독일 하면 철학이 발달한 합리적이고 이성적인 나라라는 인상이 강하다. 또한 누가 뭐래도 유럽연합에서 가장 영향력이 강한 부국이지만 오늘날과 달리 로마시대 게르만족은 언어도 없는 무식한 야만족 취급을 받았다. 1800년대 영국인들은 게르만족에 대해 이렇게 기록했다. "가난하고 게으르며 심지어 거짓말을 잘할 뿐 아니라 잘 훔친다." 지금과는 완전히 다른 이미지다.

과거 독일은 신성로마제국으로 여러 국가들의 연방체였고 서로 더 많은 영토를 얻기 위해 상대방을 점령하며 네 편, 내 편이 없을 정도였다. 산업화를 이뤄 튼튼하고 멋진 자동차를 만들며 아우토반을 건설한 철두철미한 국가의 모습을 갖춘 지 얼마 안된 것이다. 열심히 서로 물고 뜯고 치고받으며 싸우던 신성로마제국은 북방의 소국이었던 프로이센에 의해 통일된다.

프로이센은 유럽 동북부와 중부에 있던 국가였는데 십자군 전통을 유지하며 군사적으로 잘 관리되어 전투에 능했다. 육군 중심으로 독일을 통일하며 유럽 최대 군사 대국에서 산업국가로 거듭난다. 독일을 통일한 프로이센은 당시 유럽 최대 강국인 프랑스를 꺾고 프랑스 베르사유 궁전에서 황제 대관식을 할 정도로 위세가 대단했다.

산업화 이후 1900년 무렵 독일 베를린의 주택 소유율은 약 2%선이었다. 아직 귀족 계급이 존재했고 황제가 있던 시절이라 일반 백성들이 주택을 소유하기란 쉽지 않았다.

독일은 영국에 이어 산업국가로 성장하며 미국과 함께 새로운 프런티어 경제가 활발해지며 개발도상국으로 성장했다. 선진국 진입을 앞뒀던 독일은 두 차례에 걸친 세계대전을 일으켰고 결국 패전국이 되어 국가경제가 파탄에 이른다. 1차 세계대전 후에는 하이퍼인플레이션을 경험하기도 했는데, 당시에는 돈을 수레에 가득 싣고 가도 빵한 쪽도 못 살 정도였다고 한다. 몇 해 동안 하이퍼인플레이션이 계속되자 독일 민족은 자존심에 상처를 입었고, 경제공황이 닥치자 돈의 가치가 휴지조각보다 못할 정도가 되자 국가 기능이 완전히 정지되어 버렸다. 이런 분위기를 틈타 히틀러가 등장하여 독일은 한 번 더 전쟁의 소용돌이에 휘말리게 된다.

독일의 하이퍼인플레이션을 목도한 각국의 중앙은행들은 2차 세계대전 이후 물가안정을 가장 중요한 경제정책으로 내세운다. 그중 인플레이션에 대한 트라우마를 지닌 독일은 물가안정을 그 어떤 정책보다 우선해 물가를 때려잡는다는 느낌이 들 정도로 통제했다.

독일은 물가안정을 위해 금리를 높이고 유동성(=구매력=부채=통화량)을 줄이는 방법을 택했다. 아울러 환율이 평가절상되도록 했다. 쉽게 설명하면 1달러에 1000원이었던 것을 900원으로 떨어뜨린 것이다. 앞에서도 설명했듯 독일은 외국에서 돈이 들어오면 국내에 퍼지지 않도록 다시 외국에 뿌린다. 한마디로 외화가 국내에서 태화(돈이 환전되어 국내에 유입되는 것)되지 못하게 막는 것이다. 수출이 계속 유지되면서도 국내에 외화가 들어와 금리 상승이 촉발되지 않도록 하는 독일의 정책은 유로커런시시장이 활성화되는 데 가장 큰 역할을 했다. 이러한 정책 덕분에 물가 상승을 막았지만 국내에 유동성이 돌지 않으니 주택 가격 상승을 막는 근간이 되었다. 미국 달러가 유로커런시시장을 통해 전 세계에 퍼지며 각국의 자산 가격을 들썩이는 동안 말이다.

1990년부터 2010년까지 독일의 주택 가격이 안정된 것은 금리 상승을 억제하고 유입된 외화를 유로커런시시장으로 옮긴 것만으로 설명하기에는 부족하다. 그렇게 경제가 단순하고 쉽지 않다. 여기에는 아주 재미있고 흥미로운 이유가 있다. 미국 FRB 연구자들의 표현을 빌면 "거시 경제학의 아주 거대한 실험을 우리는 구경할 수 있다." 말하자면 주택 가격은 무엇으로 움직이는가에 대한 또 다른 해석이다.

◈ 돈이 불어나는 만큼 커지는 버블의 위험

이미 언급한 것처럼 주택 가격의 상승은 특정 국가에서만 벌어지는 국지적인 현상이 결코 아니다. 한 국가가 아닌 전 세계 금융이 발달한 국가에서 동시다발적으로 벌어지는 이벤트다. 1990년부터 2010년까지 특이하게도 딱 두 국가만 주택 가격이 상승하지 않았는데 하나는 일본이고 다른 하나는 지금 이야기하고 있는 독일이다. 아시아와 유럽의 가장 선진 국가에서 벌어진 희귀한 사례다. 이 기간 동안 독일에서 어떤 일이 벌어졌는지 살펴보자.

일본의 버블이 붕괴되기 시작한 1990년 2차 세계대전 후 냉전체제 아래 강제로 분단되었던 독일이 하나의 국가로 통일된다. 그리고 다음해 소련이 붕괴되었다. 그 이후 유럽공동체를 통해 경제 통합의 성과를 이루어낸 유럽 국가들은 단일 통화권을 이루고 나아가 정치적 통합을 실현하기 위해 1993년 11월 1일 유럽연합을 출범했다. 동서독 통일과 유럽연합의 탄생은 독일 내 꿈틀거리던 버블을 소멸시켰다. 물론 이 두 사건은 이전과 비교할 수 없는 더 큰 버블의 단초가 된다. 아무도 예상하지 못했지만.

1980년대 영국과 유럽 여러 나라에서 일어났던 버블은 1990년 각 국의 중앙은행이 금리를 올리며 어느 정도 정리가 된다. 이 중에서도 북유럽과 스위스의 버블은 독일이 통일하며 시중에 풀린 자금을 회수 하기 위해 금리인상정책을 실시하며 붕괴된다. 일본의 버블도 서브프 라임 모기지 사태 때의 버블도 금리 인상으로 고개를 숙였다. 이걸 깨 달아야 한다. 가격이 상승할 때는 각종 이유로 속도와 상승폭과 순서 가 다르게 나타난다. 가격의 탈동조화가 생기며 동조화 현상이 금방 피부로 와닿지 않는다.

동조화 현상은 상승장 초기에는 시간차가 발생하기 때문에 깨닫 기 어렵다. 해당 국가에서는 자국 내에서만 벌어지는 일이라고 착각 하기 쉽다. 특히나 부동산만 놓고 보면 도저히 알아차리기 어렵다. 부 동성과 부증성을 지닌 부동산은 해당 국가 안에서의 거래가 대부분이 라 주택 가격의 등락은 국지적인 일이라 여기게 된다. 그렇다면 도대 체 왜 전 세계적으로 주택 가격이 하락할 때는 동시다발적으로 똑같 은 일이 벌어지는가? 그건 아니지 않나 하고 생각된다면 2008년 금융 위기 때를 떠올려보라.

이렇게 미국에서 시작된 돈 풀기는 미국의 적자를 줄이기 위한 노 력과 함께 금융규제 완화를 촉발하여 1990년까지 버블이 일어나게 했 다. 국가마다 시기는 다르지만 순차적으로 일어난 버블은 일본의 거 대한 버블을 마지막으로 마감된다.

그 이후 유럽에서는 1990년부터 1995년까지 주택 가격이 안정된다. 유럽뿐 아니라 미국의 주택 가격도 이 시기에는 안정되었고, 한국도 유사하다. 각자 사정은 조금씩 다를지라도 주택 가격은 별다른 움직임을 나타내지 않았다. 시간이 지나자 또다시 금융이 연결된 전 세계 주택 가격이 함께 움직이기 시작했다. 1995년부터 1998년까지 대다수 선진국에서 주택 가격이 상승하는 현상이 벌어졌다. 단 일본과 독일은 이 현상에서 제외되었다. 1990년에서 1995년까지 미국을 비롯한 선진국에서 안정되었던 주택 가격이 서프프라임 모기지사태라는 희대의 버블을 향해 달려가기 시작한 것이다.

그렇다면 이 시기에 전세계 국가들이 인플레이션 상황에 놓여 있었을까? 주택 공급이 부족했을까? 갑자기 인구가 증가했을까? 갑자기 이민자나 난민이 늘어나서 주택 수요가 엄청나게 증가했을까? 그것도 아니면 돈 많은 노인들의 세컨드주택 구입 열풍이 불었을까? 이들 모두 주택 가격 상승을 가져올 만한 원인이기는 하다. 하지만 어느 것도 전 세계적으로 동시에 영향을 미칠 만큼 파괴적인 요인이라고 보기는 어렵다.

이런 이유는 어떨까? 돈이 자꾸자꾸 유입된다. 돈이 늘어나니 돈으로 표시되는 주택 가격은 그에 맞춰 계속 상승한다. 주택 가격이 상승한 것인가, 돈이 그저 주택 가격으로 표시된 것인가?

1990년대에 들어서면서 MBS, CDS, CDO, 스와프 같은 이전에 없던 생소한 금융용어가 등장한다. 들어봤더라도 정확히 무슨 뜻인지 모르는 사람이 많을 것이다. 뜻을 안다고 달라질 것도 없고 단어를 몰라도 전혀 상관없다. 그렇지 않은가?

　이러한 신종 금융 개념은 유로커런시시장에서 탄생했다. 제도권 금융기관은 규제가 존재하지만 유로커런시시장은 규제로부터 자유롭다. 기존에 없던 새로운 개념을 만들고 화끈하고 섹시한 광고문구와 함께 시장에 퍼진다. 이상한 영어 약자의 이름도 외우기 힘든 이 개념들은 유로커런시시장 참여자들에게 레버리지를 당길 수 있는 화끈한 기회를 제공한다. 심지어 갖다 쓰라고 돈을 막 빌려준다. 안 쓰면 바보처럼 느껴질 정도다.

　위험에 대한 경각심은 없었을까? 사람들이 처음부터 신뢰하며 이용한 것은 아니다. 금융공학을 이용해 안정성을 설득한다. 수학적으로 핵발전소에서 핵이 폭발할 만큼 희박한 확률이라는 설명을 해준다. 핵폭발 확률은 몇천 년에 한 번 일어날 만큼 희박하다. 이 얼마나 확실하고도 안전한 상품이란 말인가. 수익이 눈앞에 아른거리며 미소가 절로 떠오른다. 이토록 안전하고도 확실한 수익을 보장하는 상품이 인류 역사상 있었던가 하는 의문이 들 정도로 만족스럽다.

　되돌아보면 확률적으로 그렇다 해도 위험은 언제나 의식하지 못하는 사이에 우리에게 찾아온다. 일본 핵발전소가 쓰나미로 난리가 난 것이나, 소련의 체르노빌 사건과 미국의 스리마일즈섬 사건처럼 확률이 아무리 낮아도 발생하면 엄청난 재앙을 가져온다. 분명히 금융공학적으로 설계했고 수학으로 잘 가공된 수치로 볼 때 위험 가능성은 극히 희박했다. 가능성이 거의 제로라고까지 믿었다. 혹시나 그런 일이 벌어진다고 해도 안전장치까지 이미 다 마련되어 있다고 믿었다. 절대로 위험이 발생할 일은 없다고 봤다. 뒤통수를 맞기 전까지 누구도 의심하지 않았다.

우리는 서브프라임 모기지 사태와 함께 어떤 일이 벌어졌는지 아주 잘 알고 있다. 더구나 사실 지금도 여전히 그 상품을 사용하고 있다. 없어졌다고 생각하겠지만 아니다. 여전히 위험을 통제해서 사용하고 있다. 그런 일이 다시 발생하지 않을 것이라 여긴다. 한마디로 지금도 아주 열심히 저 상품들은 부동산을 통해 돈이 유입되고 있다.

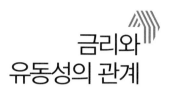

금리와 유동성의 관계

◆ **금융 흐름에 따라 움직이는 실물자산**

서브프라임 모기지는 우리말로는 비우량 주택담보대출이라고 할수 있다. 이제는 서브프라임 모기지가 전 세계적인 금융위기를 부를만큼 위험성이 크다는 것을 안다. 그렇다면 이 상품을 개발한 사람들은 위험한 걸 뻔히 알면서 만들었을까? 결코 그렇지 않다. 서브프라임 모기지의 CDO(Collateralized Debt Obligation : 부채담보부증권) 상품을개발한 이들은 미국 52개 주에 있는 주택 가격이 한꺼번에 떨어질 리는 없다고 생각했다. 확률적으로 그럴 가능성은 거의 제로에 가깝다.

주택 가격의 과거 데이터를 살펴봐도 어떤 주의 주택 가격은 오르고 어떤 주의 주택 가격은 떨어졌다. 이제껏 한꺼번에 주택 가격이 떨어진 적은 한 번도 없었던 것이다. 그러나 주택 가격이 동시다발적으로 하락할 확률이 제로에 가깝다는 것이지 진짜 제로는 아니므로 만년에 한 번 내지 두 번 정도는 일어날 수도 있다. 그래서 이 상품의 개발자들은 논리적으로 볼 때 서브프라임 모기지로 포트폴리오를 구성한 파생상품을 안전하다고 믿었다. 위험이 적은 것끼리 묶고 섞어 놓으면 위험이 분산되니 더 안전해진다고 본 것이다.

그러나 논리적이라고 생각했던 금융회사의 예상은 보란 듯이 빗나갔다. 미국의 CDO 설계자들은 왜 오판하게 된 걸까? 이제껏 미국 52개 주의 주택 가격이 동시다발적으로 떨어진 적이 없었는데 왜 지금껏 없던 일이 벌어진 걸까? 2007년에 일어난 서브프라임 모기지 사태는 금융이 실물자산을 지배하며 벌어진 금융화의 영향이다. 미국에는 주택 가격이 상승하면 마이너스 통장에서 돈을 빼 쓰듯 추가로 돈을 대출받을 수 있는 시스템이 있다. 1억 원짜리 주택을 소유하면 9000만 원을 대출받을 수 있다. 도시 내 대부분의 주택이 이런 상황이라면 이게 금융상품이 아니라고 할 수 있을까?

한국에는 다른 방식의 유사한 상품이 있다. 아파트 가격이 1억 원인데 전세가격이 1000만 원이라면 굉장히 안전한 주택이다. 주택 가격이 상승하든 하락하든 별 문제가 되지 않는다. 그렇다면 아파트 전세가격이 1억 원이고, 아파트 가격이 1억 3000만 원인 갭투자 주택은 안전할까? 결코 아니다. 아파트가 금융자산화되었다고 봐야 한다. 자기 돈이 3000만 원이고 대출받은 돈이 1억 원인 것이나 마찬가지다.

실질가치는 3000만 원이고 1억 원은 금융이 유입된 것으로 봐야 한다. 실질적으로 30% 정도의 가격이 하락하면 안전마진이 사라진다. 이건 무시무시한 자산이다.

이런 현상이 미국에서 벌어졌다. 금융이 전국에 유입되었다. 1980년 레이건 대통령이 던진 쉬운 대출이라는 폭탄이 전국으로 퍼져나갔다. 실물자산인 주택이 금융에 의존하게 되면서 금융의 흐름에 따라 실물자산이 덩달아 춤추게 되었다.

◆ 금리가 독일 주택 가격에 미치는 영향

미국에서 일어난 것처럼 금융이 실물자산을 지배하는 현상이 독일에서도 일어났을까?

1990년 서독과 동독이 통일되었지만 기쁨도 잠시 통일독일의 현실은 냉혹하고 참혹하다. 동독의 청년들이 서독으로 떠났다. 갑작스러운 대규모 이주로 서독의 주택 수요가 급증하고 주택 가격 또한 상승했다. 반면에 동독의 주택은 아주 오랫동안 재건축을 하지 않아 많이 노후화되었다. 심지어 1800년대에 지어진 건물도 있을 정도였다.

상황이 이러하자 정부는 구동독 지역의 재건을 결정하여 재개발과 재건축이 시작되었다. 재개발과 재건축이 진행되면 당장에 그곳에

살던 사람들이 집을 구해야 하니 주택 수요가 발생하고, 주택 가격도 오르게 된다. 주택 가격은 끝없이 상승할까? 그럴 리가 있겠는가. 절대로 아니다. 구서독과 구동독에서 주택 건설이 동시에 진행되었다. 구동독에서는 낡은 주택을 새 주택으로 바꾸고. 구서독에서는 이주해 오는 사람들을 위한 집을 짓기 시작했다. 시간이 지나 구동독의 재건축 주택에 입주가 시작되었고, 구서독은 다시 경기가 좋아지며 주택이 남아돌기 시작했다. 무슨 일이 벌어졌을까? 그렇다. 공급 과잉으로 주택이 남아돌게 되었다.

여기에 더하여 금융이 기지개를 편다. 통일 이전 서독과 동독은 화폐단위가 달랐다. 통일 이후 서독과 동독은 서로 돈을 맞교환한다. 그만큼 시중에 화폐 유통량이 넘쳐났다. 시중에 화폐 유통량이 증가하며 이에 발맞춰 주택 가격이 상승한다. 그러자 익히 알려진 친숙한 바로 그 상황이 발생한다. 주택 가격이 오르고 남아도는 돈은 물가 인상을 초래한다. 인플레이션을 극도로 기피하는 독일 중앙은행은 이때부터 금리를 공격적으로 올려버린다. 여기에 유럽연합의 결성과 높은 실질금리까지 겹쳤다.

유럽연합이 결성되고 유로를 단일화폐로 사용하기로 한 사건이 독일 경제에 어떤 영향을 미치게 된 것인지 아주 단순화해서 설명해 보겠다. 한국이 북한과 통일하지 않고 아시아의 생소한 나라인 미얀마와 통일한다. 미얀마는 금리가 20%이고, 한국은 5%다. 통일되었으니 두 나라의 금리는 같아져야 한다. 미얀마와 한국은 골치가 아프다.

쉽게 선택할 수 있는 상황이 아니다. 금리를 20%로 하자니 한국이 망할 수 있다. 5%로 하자니 미얀마에 하이퍼인플레이션이 일어날 수 있다. 어쩔 수 없이 두 나라는 그 중간인 12.5%로 금리를 정했다. 이제 어떤 일이 벌어지게 될까? 그렇다. 한국은 고금리로 곳곳에서 곡소리가 나며 점차 죽어간다. 미얀마 경제는 완전히 기름 바른 장작처럼 불이 붙기 시작한다. 이런 현상이 유럽연합의 결성 이후 유럽 곳곳에서 벌어졌다.

일본이 고령화사회에 진입했으며, 독일도 마찬가지로 고령화되고 있다. 독일 경제는 이미 성숙기에 접어들었기 때문에 금리가 낮아야만 경제가 잘 돌아간다. 이와 반대로 스페인 · 그리스 · 포르투갈 · 아일랜드 등은 신용이 나빠 금리가 높았다. 이렇게 경제 수준이 제각각인 국가들이 유럽통합으로 단일 경제권이 된 것이다. 앞에서 예로 든 한국과 미얀마가 합쳤을 때와 같은 일이 벌어진 것이다.

지금까지 저금리였던 것과 달리 과잉공급에 고금리까지 합쳐져 가뜩이나 힘들던 독일 주택시장은 가격이 내려간 상태에서 장기적인 고금리 시대로 비자발적으로 돌입한다. 이와 달리 스페인, 그리스, 아일랜드, 포르투갈의 부동산시장은 장기적인 상승장에 진입한다. 갑자기 시중에 유동성이 넘치며 흥청망청한 분위기가 흐르고 낙관이 시장을 지배한다. 여기서 잘 따져보자. 그렇다면 독일과 스페인 중 실질적인 부자는 누구일까? 분명히 독일이 스페인보다 더 부자다.

금융위기 이후 그리스는 독일로부터 구제금융을 받았다. 재미있게도 국가와 달리 그리스 국민은 주택 가격 덕분에 명목상으로는 독일 국민보다 부자였다. 장부상 자산으로 치면 독일인보다 그리스인이 더 부자인데 그리스가 독일에게 돈을 빌렸다. 이처럼 장기 실질금리나 적정금리는 무시되고 유럽 중앙은행의 금리가 책정되어 모든 유럽 통합 국가에 적용되었다. 이러자 스페인 같은 국가는 오히려 장기적인 주택 가격 상승을 맞이했고 독일 같은 국가는 유럽의 병자소리를 듣게 된다. 말도 안 되는 일이 벌어졌다.

이런 현상을 알아야 할 필요가 있을까? 그렇다. 이건 중요하다. 무엇이 가격을 움직이는지를 설명하기 때문이다.

이제 금리를 내리면 독일 경제는 되살아날까? 그렇다. 이건 이미 나타나고 있다. 서브프라임 모기지 사태 이후에 유럽은 그리스 디폴트 사태를 경험하고 마이너스 금리정책을 펼친다. 금융시스템이 망가진 국가들은 주택 가격이 하락했지만 금융시스템이 잘 돌아가는 독일은 금리를 적정금리 이하로 내리자 경제가 기지개를 켜며 잘 돌아가기 시작했다. 지금까지 독일은 자기 몸에 맞지 않은 금리를 짊어지고 살았다. 유동성이 축소된 세상에서 살았던 것이다. 드디어 금리가 낮아지자 독일의 주택 가격은 국제적인 추세에 맞게 상승한다.

주택에서 공급은 물론 아주 중요하다. 좀 더 고민을 해보면 금리와 유동성을 결코 무시할 수 없다는 걸 알 수 있다. 장기적으로 주택 가격이 떨어진 독일과 일본은 공급도 중요했지만 거의 10년 넘게 명목금리 또는 실질금리에 있어 문제가 있거나 금융시스템이 문제였다.

이와 다른 국가들은 대부분 가격이 올랐다. 그 외에 문제없는 국가 중 주택 가격이 오르지 않은 국가는 아직까지 본 적이 없다. 혹시나 그런 국가가 있다면 반드시 연락주길 바란다. 언제든지 환영한다.

유럽연합 탄생의 의미

1993년 11월 1일 출범한 유럽연합의 탄생에는 다음의 6가지 의미가 있다.

❶ 미국과 맞먹는 거대한 경제권이 탄생했다.

❷ 1993년부터 단일 경제권이 되어 경기 동조화가 시작되었고, 1999년 유로화의 도입으로 동조화가 급속도로 진행되었다(경기, 금리, 주식, 부동산, 기타 등등).

❸ 이전에는 다양한 모자이크로 구성되었던 세계 경제는 이제 거대한 두 개의 소비처와 여러 개 공급처로 나뉘게 되었다(솔직히 두 개 소비처와 더 거대한 공급처와 나머지 떨거지들).

❹ 유럽연합과 미국이라는 거대한 소비처가 서로 엮이자 경제 권역의 움직임이 금융과 실물에서 이전보다 더 큰 흐름을 만들었다.

❺ 한쪽 지역의 유동성이 줄어들면, 즉 경기가 안 좋아지면 다른 국가들도 경기가 안 좋아진다. 한쪽이 금리를 올리면 다른 쪽이 안 올릴 수가 없다. 전 세계적으로 유럽연합과 미국이 움직이면 거대한 소비가 발생하며 움직인다.

❻ 두 개 권역의 주택 가격이 금융과 연결되어 함께 움직이면 소비도 함께 움직인다.

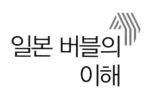

일본 버블의 이해

◈ 일본 버블의 발생 배경

일본의 버블을 이해하고 싶다고 해서 일본만 연구해서는 답이 안 나온다. 제대로 보려면 당시 미국, 유럽에서는 어떤 일이 벌어졌는지 함께 봐야 한다. 미국이 어떤 식으로 버블에서 벗어났는지 알게 되면 일본은 버블 붕괴 후 왜 그렇게 오랫동안 불황의 늪에서 빠져나오지 못했는지 마지막 퍼즐이 풀린다.

일본을 살펴보기 전에 독일과 스페인을 비교한 후 미국 FRB 전 의장 벤 버냉키(2006년~2014년 재임)가 일본의 버블 연구에서 어떤 혜안을 얻어 미국이 버블에서 탈출하기 위해 어떤 전략을 세웠는지 보면 된다.

1985년 무렵 일본은 미국에 이은 두 번째 경제 대국이 된다. 당시 미국의 인구는 2억 3000만 명이고, 일본의 인구는 1억 2000만 명이었다. 일본은 선진국 중에서 인구도 많은 편이고 국민들이 워낙 근면하여 미국이 일본 인구의 2배가 되더라도 생산성이 비슷할 수도 있었다. 당장이라도 일본이 미국을 집어삼킬 것처럼 위용이 대단하던 시기였다.

당시에 독일과 일본은 미국을 상대로 대규모 무역수지 흑자를 내고 있었다. 이에 미국은 대규모 적자를 반전시키기 위해 환율을 조정하기를 원했다. 그래서 진행된 게 1985년 플라자합의다. 그러나 플라자합의로 환율을 조정했는데도 미국의 적자는 줄어들지 않았다. 미국은 환율 조정으로 적자가 줄어들지 않자 내수경제 정책의 거시적인 변화가 필요하다는 것을 깨닫게 된다. 독일과 미국 간에는 다음과 같은 대화가 오가지 않았을까?

독일 : 우린 할 만큼 했다. 미국은 재정적자부터 줄여라.

미국 : 무슨 소리야? 독일 네가 돈을 안 써서 그렇잖아. 너희가 우리 물건을 수입하지 않으니까 우리가 힘든 거잖아. 돈도 좀 풀고 물건도 좀 사가고 세금도 감면하며 정성을 보이란 말이야.

독일 : 너무하네. 짜증 나. 그냥 나는 금리 올릴래. 너 도와주려다 우리 물가만 오르고 이건 아닌 것 같아.

미국 : 뭐? 너 정말 이럴 거야? 네가 금리를 올리면 우리도 올려야 하는데….

이런 식으로 미국과 독일이 티격태격하는 와중에도 미국 적자는 계속 커지고 모순은 점점 누적되자 미국 정부와 의회는 정부 지출을 줄이기로 했다. 이렇게 미국과 독일이 열심히 싸우고 있는 동안 일본은 미국이 시키는 대로 하는 줄 알았는데 그게 또 그렇지 않았다. 분명히 일본도 플라자합의를 통해 환율을 조정하고 내수도 확장한다고 약속했지만 일본은 환율만 건드리고 내수는 전혀 만지작거리지 않았다.

짜증이 난 미국은 캐나다까지 불러 독일과 일본은 물론이고 프랑스와 영국 모두를 협박했다. '너희들 전부 나를 도와야지. 뭐하는 거야? 내가 이 동네에서 대장인데 나에게 이럴 수 있어? 너희들 당장 국가에서 세금도 깎고 내수도 좀 확장해. 그중에서도 특히 일본! 너 왜 내 말 안 들어! 맛 좀 볼래!' 이렇게 무섭게 협박하니 일본은 더 이상 흉내만 내지 않고 드디어 말을 들었다. 드디어 일본은 금리도 조정하고 세금도 줄이고 재정도 확장했다.

◈ **일본 버블의 전개과정**

일본이 버블경제기에 돌입한 것은 1987년부터다. 일본 주식시장은 3년간 주가가 폭등했고 1990년 주가는 최고점을 찍었다. 부동산 가격은 4년간 상승하며 1991년 정점을 찍었다. 이런 버블이 사실 일본에서 처음은 아니었다. 2차 세계대전 후에 3번이나 부동산 버블을 경험했으니 이번에도 잘 해결할 수 있으리라 봤다. 부동산 버블에 대한 대처가 안일했을 수도 있다. 이번에도 그러려니 했지만 이때는 전과는 양상이 완전히 달랐다. 일본은 무엇을 놓친 것일까? 이전과 달리 이번에는 세계 금융이 발달한 상태에서 버블이 일어났다는 것이다.

대기업은 해외에서 직접 자금을 조달했고 중소기업은 대기업에 대출을 못한 은행 등의 금융기관에서 도매금융으로 돈을 조달받았다. 이렇게 빌린 돈으로 자체 투자회사에 자금을 빌려줬는데 이 돈은 대부분 부동산시장으로 들어갔다. 일본 버블의 특징은 버블을 일으킨 주체가 기업이라는 것이다. 민간(가계)은 대규모 현금을 보유하고 기업은 대규모 부동산을 취득한다. 이런 상황에서 버블이 무너지니 기업들이 고가로 취득한 부동산 가격이 계속해서 하락하며 기업의 재무구조가 점점 악화된다. 국민은 아무 잘못이 없다. 기업이 미쳐날뛰다 벌어진 일이다.

당시에 일본은 LTV(주택담보대출비율) 120%를 허용하고 있었다. 주택 가격의 120%까지 대출을 해주다니 얼마나 멋진 상품인가. 주택 가격이 상승 추세이기 때문에 가능한 비율이다. 1억짜리 건물이 담보물건으로 나오면 가격이 더 높아질 테고, 매물을 조금만 손보면 가치가 올라갈 테니 LTV를 올려도 된다고 본 것이다. 부동산 가치를 높이려면 수리비를 비롯해 비워둔 동안 이자도 내야 하니 100% 이상 대출을 해줘야 한다는 게 당시로서는 이치였다. 이런 상황에서 투자(사실상 투기)를 하지 않으면 그게 더 이상하다. 나만 바보가 될 수는 없지 않은가.

서서히 제도적인 허점이 버블과 함께 대두되었다. 그래도 버블은 신나게 펼쳐졌다. 그 이후 1990년에서 91년까지 일본의 버블이 붕괴되기 시작한다. 과열된 부동산 경기를 잡기 위해 일본 정부는 각종 수단을 다 동원한다. 일본은 섬 나라다. 일본의 지형적 특성으로 인해 일본인들은 땅을 사랑한다. 오죽하면 브라질에 일본인들이 소유한 땅의 크기가 일본만하다는 말이 있을까. 지진과 해일로 일본 섬이 가라앉게 된다는 우울한 예측도 나돌았다. 일본인은 이렇게 부동산을 이 세상 누구보다 사랑한다.

이런 특성을 '대출총량규제'로 완전히 싹을 잘라버린다. 바로 이 '대출총량규제'가 일본 부동산 가격 하락의 신호였다. 대출총량규제는 부동산 관련 모든 대출을 전부 합쳐 규제하는 것이다. 부동산 가격이 상승할 때는 LTV 120%까지 마구 대출해주던 금융기관에 모든 대출자의 대출 총량을 규제할 것을 강제했다. 그것도 어느 날 갑자기 시행했다.

참혹한 결론이 시장에 속출한다. 돈을 구하지 못한 투자자들이 난리를 친다. 일본 국민들이 부동산 투기꾼들에게 진절머리를 쳤던 탓인지 전국적으로 부동산 투기감시지역을 지정하여 약 7년간 운영할 정도였다. 부동산 가격이 떨어졌는데도 규제 정책을 유지한 것이다. 경제는 경제만으로 돌아가는 것이 아니라 정치와 결부되어 있다. 국민이 부동산 투기를 증오하니 정치인들은 경제문제를 정치적으로 해결하며 국민의 마음을 사려 했다.

돈을 빌려주지 않으니 결과는 뻔하지 않겠는가. 결국 가격이 무너진다. 더 놀라운 것은 부동산 가격이 떨어지고 있는데도 일본 정부는 주택이 부족할 것이라 판단해 주택을 더 건설한다. 그 덕분에 주택 가격 회복은 늦어진다. 일본의 주택 가격 고점은 1990년이지만 일본의 주택임대료 고점은 10년이나 지난 2000년이었다. 주택 수요가 10년이 지나서야 꺾인 것이다. 알려진 것과 달리 수요가 부족해 주택 가격이 무너진 것이 아니다. 수요가 부족하기는커녕 공급이 많았다. 그것도 아주 많았다. 일본은 주택이 부족하여 임대료가 계속 상승했다. 일본이 정말로 필요했던 것은 수요가 아닌 유동성이라 불리는 돈이었다. 실수요는 있었으나 유동성(=부채=구매력=돈)이 부족했다. 당시 일본의 많은 은행이 버블 붕괴로 법정관리에 들어갔었다.

ADB(Asian Development Bank : 아시아개발은행) 자료에 의하면 일본의 주택 공급량은 세계 최고로 다른 선진국을 압도한다. 인구 1억 2000만의 일본이 1900년대부터 2000년대 초반까지 인구 3억이 넘은 미국과 거의 같은 수준으로 주택을 공급했다. 무슨 말이 더 필요하겠는가.

약간 다른 이야기를 하자면 일본의 인구는 1억 2000만 명이고 한국의 인구는 5000만 명이다. 한국 인구가 일본의 절반에도 못 미치지만 한국은 일본과 비슷하거나 더 많은 주택을 공급하고 있다. 한국이 주택을 그렇게 많이 공급하고 있다고? 믿지 못하겠는가? 미국에서 가장 주택을 많이 공급한 2005년 공급량이 200만 호인데 당시 인구는 약 3억 명이었다. 한국의 인구는 미국의 약 16% 정도에 불과하니 대략 주택 32만 호를 공급해야 적당한 수준이다. 여기에 비밀이 있다. 한국은 지금까지 생각보다 주택 가격이 오르지 않았다. 아무리 봐도 이게 신기하다. 한국만 보는 사람 입장에서는 말도 안 되는 헛소리를 하고 있다고 하겠지만 전 세계로 볼 때 한국은 주택 가격이 정말 오르지 않는다. 그 이유가 공급에 있다. 2017년부터 3년을 거슬러 올라가 살펴봐도 미국 공급 최대치보다 비율상 2배 정도 더 많이 공급했다. 그 덕분에 한국의 주택 가격은 상대적으로 외국에 비해 안정적이다. 거기에 LTV와 DTI로 유동성까지 조절한다.

◈ 일본 버블 붕괴 이후

일본 정부의 계획은 1990년부터 1995년까지 주택 가격을 끌어내린 후 이 정도 선에서 마무리할 예정이었던 것 같다. 이전 부동산 버블을 연구해도 그 정도 기간이면 대충 끝난다. 실제로 1996년 정도에 일본 주택 가격은 다시 반등할 기미가 보였다. 경기도 살아났고 말이다. 계획과 달리 일본은 운이 너무 없었다. 세상은 계획대로 되지 않고 뜻하지 않은 일이 연속적으로 발생하면 도리가 없다.

다음과 같은 일이 일본에서 일어났다.

1995년 고베 대지진이 일어났다. 이로 인해 금융기관들의 대출 여력이 줄어들었다. 버블을 무너뜨리며 대출을 막으니 대출자들은 제1금융권을 피해 농협이나 주택 전문 대출기관으로 몰려갔다. 이 기관들은 계속된 부동산 가격 하락으로 부실화가 상당했다. 여기에 아시아 지역에서 금융위기 조짐이 보였다. 태국, 인도네시아 등 동남아시아에서 먼저 외환위기가 닥치고 연이어 한국까지 외환위기를 맞으면서 일본과 중국 경제에도 적지 않은 영향을 미치게 된다. 당시에 일본이 도와주지 않는다고 했지만 일본도 국가적으로 아비규환 상태이니 도와줄 여력이 없었을 것이다. 우리처럼 국가부도 사태가 벌어진 것은 아니었지만.

이렇게 약화된 각종 금융기관들이 동아시아 금융위기로 더 타격을 받았다. 이러자 일본의 유수 은행에 부도가 나고 더 이상 버티지 못한 중소은행이나 증권사들의 부도가 속출한다. 기껏 경기가 살아나자마자 경제에 대한 희망이 사라졌고 부동산 가격도 이에 발맞춰 지속적으로 하락한다. 이러니 유동성(=부채=구매력=돈)이 늘어나지 못했다. 유동성이 늘어나지 않는데도 임대료(=실질 주택 수요)는 오르니 공급이 계속되었다. 그 이후는 익히 알고 있는 대로다.

플라자합의 이후 일본의 주택 가격이 엄청나게 상승했다고 알려졌지만 정작 상승은 루브르합의 이후였고 일본의 1차 하락은 대출총량규제로 인해, 2차 하락은 동아시아 금융위기로 인한 금융기관의 부실화로 인한 것이었다. 연이은 부동산 가격 하락으로 금융기관에는 대규모 부실 채권이 쌓이고 좀비 기업들이 곳곳에 넘친다. 이렇게 금융기관의 대출 여력이 줄어들자 일본 자금이 계속 해외로 빠져나갔다. 연속적인 위기가 이어지며 회복될 기미가 보이지 않던 일본 경기는 2002년이 되어서야 침체에서 벗어나기 시작했으며, 2003년부터 2008년까지 주택 가격 회복기를 맞는다.

결국 일본이 경험한 버블과 폭락은 대부분 선진국이 경험한 것과 차이가 없었다. 그에 따른 피해도 비슷했다. 다만 일본은 그 이후 지진으로 힘든 상태에서 동아시아 외환위기 사태가 터지며 완전히 주저앉았다. 부활을 가로막는 상황이 벌어졌다. 일본이 운이 없었다. 그것도 국운이. 어쩌겠는가. 그런 일이 연속으로 벌어진 덕분에 다른 국가의 반면교사가 된 것을.

일본 버블의 특징

일본에서 일어난 버블의 특징은 다음과 같이 10가지로 정리할 수 있다.

❶ 생각과 달리 특별하지 않고 일반적인 버블이었다. 4~5년 정도 하락하다 멈출 수도 있었으나 운이 없어 길어졌을 뿐이다.

❷ 잃어버린 10년은 아시아 외환위기에 의한 금융시스템의 붕괴였다.

❸ 과잉 공급은 분명 있었으나 2000년까지 초과 수요가 있었다. 즉, 수요가 부족해서 주택 가격이 떨어진 것은 아니다.

❹ 버블 붕괴 직전까지 과도한 신용이 넘쳤다. 일본이 아닌 미국의 강제에 의한 것이지만.

❺ 부채의 크기가 아닌 속도가 아주 중요하다. 플라자합의가 아닌 루브르합의 이후인 1987년~1991년에 발생했다. 비적격 대출자들이 대규모 대출 또는 그림자 금융으로 부적격 대출이 시중에 넘치며 악영향을 미쳤다.

❻ 일본의 재정정책과 거시 금융정책은 매우 효과적이었지만 더 강력한 정책을 펼쳤어야 빨리 벗어났을 텐데 당시 일본 정부는 이런 정치력을 발휘하지 못했다. 그때와 달리 아베 총리는 그 역할을 하고 있고, 미국은 금융위기 당시에 오바마 대통령과 버냉키 FRB 의장이 마구 돈을 풀어 빨리 수습할 수 있었다.

❼ 일본은 기업이 돈을 빌려 버블을 일으켰다. 가계는 큰 타격이 없고 오히려 대규모 현금을 보유했다. 다만 이 돈이 국내가 아닌 해외로 빠져나갔다. 와타나베 부인이라 지칭하는 일본의 가정주부들이 저금리 엔화로 해외의 고금리 금융상품에 투자하는 열풍이 일어났다. 이로 인해 엔화는 점점 더 강세 통화가 되어 안전자산이 되었다. 아쉽게도 이 점이 일본의 회복을 더디게 한 원인이기도 하다.

❽ 미국, 일본, 한국 중에 미국의 주택 공급이 가장 적고, 다음으로 일본이고 한국이 가장 많다. 물론 인구 비례로 볼 때다. 한국은 대규모 주택 공급으로 가격 조절을 언제나 잘했다. 믿지 못하겠다고 욕을 해도 이게 사실이다.

❾ 일본은 버블 후 폭락은 전 세계에 자산 디플레이션에 대해 많은 교훈을 주었다.

❿ 일본의 자산 붕괴를 많이 연구하고 대응에 대한 준비를 했기에 2008년 금융위기를 잘 헤쳐나갈 수 있었다. 이미 전 세계는 충분한 학습으로 대처하게 되었다. 한국도 마찬가지다.

4장

미국이
만드는
경제

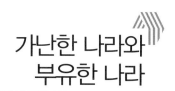

가난한 나라와
부유한 나라

◈ 가난한 나라 사람들은 저축을 많이 한다?

　부유한 나라는 금리가 낮고 가난한 나라는 금리가 높다. 부유한 선진국은 예로부터 돈이 많았다. 선진국의 기준금리는 2017년 12월 현재 미국 연 1.3%, 유로존 연 0%, 일본은 연 −0.1%로 제로금리에 가까운 수준이다. 플러스지만 주요 선진국들의 금리가 여전히 낮은 수준인 것은 미국 금리와 실질적으로 연동되어 있기 때문이다. 미국 금리는 유로커런시시장을 통해서나 미국 내 역외금융시장을 통해 세계 금리를 선도하고 있다. 이런 주요 선진국 국민들은 저축을 그다지 많이 하지 않는다. 물론 이들도 초창기에는 저축을 열심히 했겠지만 지금은 하지 않는다.

이와 달리 저축을 아주 열심히 하는 국가들이 있다. 모범적인 국가로 보인다. 저축하는 사람이 훌륭한가, 소비하는 사람이 훌륭한가? 물어보나 마나다. 저축국가는 금리가 무척 높다. 가난하지만 행복한 나라로 알려진 부탄이 연 6% 정도이고 경제가 잘 나가는 중국이 연 4.35% 정도이며, 아르헨티나 같은 경우는 무려 연 28.75%나 되는 금리를 제시했다.

가난한 나라가 왜 더 저축을 열심히 하고, 부유한 나라는 왜 저축을 하지 않는 것일까? 부유할수록 돈이 더 많고 가난할수록 돈이 더 없는데 말이다. 국가는 이와 달리 보인다. 미국이나 유럽에서는 저축을 하는 대신에 그 돈으로 주택을 산다. 주택을 통해 강제 저축을 하는 셈이다. 이 점이 다를 뿐이다. 금융이 발달하며 직접 저축을 하기보다는 간접 저축이 더 발전한 것이다. 뭐, 투자라 불러도 된다.

여기서 이상하고도 고민이 되는 점이 있다. 도대체 미국과 유럽의 저금리는 어떻게 가능한 것일까? 금리는 돈의 가격이다. 돈의 가격이 낮다는 것은 수요와 공급 원리상 누군가 공급을 많이 하거나 수요가 적다는 것이다. 수요가 적다는 것은 돈을 갖고 싶어 하지 않는다는 것인데 그럴 리는 없으니 수요보다는 공급이 많다는 말이 된다. 도대체 누가 공급하는 것일까? 어디서 돈이 나오는 것일까?

◆ 부유한 나라에 더 많은 돈이 몰리는 금융시스템

먼저 수출에서 엄청난 흑자를 보는 중국이 대규모 자금을 미국에 공급하고 있다. 그 전에는 독일이나 일본도 미국에 자금을 공급했다. 미국에 수출을 많이 하는 국가는 달러를 받아 미국에 재투자한다. 달러는 금융시스템을 통해 전 세계로 퍼져나갔다. 그렇게 퍼져나간 돈이 해당 국가로 공급되니 금리가 낮아진다. 선진국과 개발도상국의 차이는 해당 국가의 달러 보유량으로 판가름난다. 수출이든 뭐든 달러 공급이 많은 국가는 금리가 낮고, 달러 공급이 적은 국가는 돈이 없으니 높은 금리로 자금을 조달하려고 한다.

가난한 나라 사람들은 은행에 적금을 붓는다. 가난한 나라의 은행은 미국 국채를 매입한다. 미국 국채 금리가 싸지면 미국 모기지 가격도 싸진다. 국제금융시장을 통해 유럽 모기지 금리도 덩달아 싸진다. 미국과 유럽인들은 아주 저렴한 금리에 주택을 구입한다. 누구나 주택을 매수하니 당연히 주택 가격이 상승한다. 자산이 늘어나니 부자가 된 듯하여 소비가 촉진된다. 소비를 하려니 가난한 나라에서 물건을 수입한다. 부유한 나라에 물건을 수출한 가난한 나라는 돈을 벌었지만 여전히 싼 가격으로 물건을 팔아야 하니 시장에 돈을 풀면 안 된다. 그래서 고금리를 유지한다. 금리가 높으니 가난한 나라 사람들은 저축을 한다. 가난한 나라의 은행은 돈이 들어오면 다시 미국 국채를 매입한다. 이 과정이 끊임없이 반복된다. 이러한 시스템은 전 세계적으로 거대하게 엮여 있다. 쉽게 무너지지 않는다. 이건 누가 똑똑한지 현명한지에 대한 얘기가 아니다. 전 세계에서 벌어지고 있는 금융 시스템일 뿐이다.

중국 남성은 집을 사야 결혼을 할 수 있다. 부모는 아들을 결혼시키기 위해 아주 열심히 저축한다. 이러니 저축률은 더욱더 높아진다. 과대한 통화팽창의 후유증으로 자산 가격 버블과 물가 상승을 경험한 중국은 높은 금리를 유지해서 시중 자금을 흡수해야 한다. 게다가 중국은 저가물품을 계속 수출하기 위해 환율도 유지해야 한다. 이를 위해서 불태화정책을 진행한다. 이로 인해 시중 자금을 흡수한다. 높은 금리를 주고 저축하게 하는 것이다. 중국은 유럽 대부분의 나라들처럼 시스템(세금 체계)을 이용해서 국민으로부터 돈을 걷는 구조는 아니다. 그러기엔 여전히 갈 길이 멀다. 중국 국민들은 화려한 걸 좋아하고, 옷도 잘 입고, 먹기도 아주 잘 먹는다. 세금을 마구 거두어들이기에는 아직은 무리다.

유럽은 나라에서 국민들이 최소한의 삶을 유지할 수 있도록 돈을 준다. 가난해도 나이 들어도 복지제도로 굶어 죽지 않게 해주는 것이다. 대신 엄청난 세금을 걷는다. 그래도 불만이 없다. 다만 쓸 돈이 없으니 저축은 못한다. 복지는 좋은데 저축할 돈이 없으니 과소비할 돈도 거의 없다. 이러니 늘 대출을 받아 미래를 계획한다. 솔직히 좋게 봐서 계획이지 대부분의 사람들이 카드값과 주택담보대출, 학자금대출, 자동차 할부금 때문에 허덕이며 산다. 노후를 보장받는 대신 쉬지 않고 일해야만 한다. 미래를 위해서 일해야 한다. 이렇게 해도 주택 가격은 상승한다. 돈을 아주 싸게 그것도 오랫동안 빌려준다. 게다가 빌린 이자에서 소득세를 공제해주기 때문에 실질적인 이자 부담이 줄 어든다. 그만큼 부동산에 유동성을 더욱 적극적으로 공급하는 시스템 이다. 여기에 주택을 많이 공급하지도 않는다. 이미 전 세계적인 시스 템이 그렇게 공고해졌다. 북유럽은 그 정도가 훨씬 더 심하다.

가난한 나라와 부유한 나라의 이런 공생관계는 이미 전 세계적으 로 하나의 체계로 형성되어 굴러가고 있다. 가난한 나라의 자산 가격 이 상승하지 못하고 부유한 나라는 별 거 없는 것 같은데도 지속적으 로 유동성이 넘쳐 자산 가격의 상승과 하락을 반복한다. 가난한 나라 는 왜 가난하고, 부유한 나라는 왜 계속 부유한지 이해가 되는가?

변동환율제를 적용하는 한국에서 주택 가격을 원화로 표시하는 것은 별 의미가 없다. 환율이 900원에서 2000원까지 가는 국가에서 주택 가격과 상관없이 환율로만 다른 국가에 비해 널뛰기할 수 있다. 외국의 주택 가격은 그대로인데 한국의 주택 가격은 갑자기 반토막이 날 수도 있고, 2배가 될 수도 있다. 이렇기에 한국 부동산을 원화로 환산해서 외국과 비교하는 것은 무의미하다.

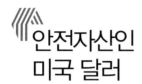

안전자산인
미국 달러

◈ **세계화와 달러의 순환**

미국의 금융체계는 전 세계에서 가장 안전하다. 솔직히 금융이 안전하다기보다는 미국이라는 나라 자체가 전 세계에서 가장 안전하고, 그만큼 미국 달러도 안전하다. 미 달러 다음으로 안전한 화폐는 유로다. 그래서 유로와 달러의 장점을 묶어 거래하는 런던 금융시장은 미국 뉴욕 금융시장 다음으로 안전하다. 런던 금융시장에서 은행 간 대출에 적용되는 금리를 리보(LIBOR)라고 한다. 은행끼리 돈이 오가는 안전한 거래이므로 금리가 낮다. 단기대출인 비핵심대출에도 리보 금리를 적용하고, 유로커런시시장의 대출금리에도 리보 금리가 적용된다.

해외에서 자금을 차입한다는 건 달러가 유입된다는 뜻이다. 미국 외의 국가에서 움직이는 달러는 대부분 영국의 유로커런시시장에서 거래된다. 그 돈이 오고갈 때도 리보 금리가 적용된다. 금융기관이나 법인 또는 기관 사이에 돈이 오가는 도매금융에는 개인이 참여할 수 없고 예금자보험 같은 안전장치도 없고 정규 규제도 없다. 대신 리보 금리는 일반 금리보다는 이율이 높다. 보호를 받지 못하니 안전한 놈을 찾는다. 도매금융은 비핵심대출 그 자체다.

유로커런시시장에서도 대출을 할 때는 달러로 거래한다. 그러니 미 연방기금 금리와 리보 금리를 비교한다. 금리차가 높아지면 위험하다. 유로커런시시장에서 비핵심대출을 해주는 기관은 당연히 보호도 못 받는 상황이니 더 높은 금리를 요구한다. 그만큼 비핵심대출 시장에서는 위험이 아주 빠른 속도로 반영된다.

세계화가 진행될수록 달러는 미국에서 외국으로 더 많이 유출되었다. 달러가 계속 순환된다. 서브프라임 모기지 사태 직전까지 미국과 중국이 경제적 공생관계라는 차이메리카(chimerica)라는 개념이 부상했었다. 중국이 돈을 빌려주면 미국으로 돈이 들어온다. 미국은 다시 중국의 물건을 구입한다. 중국은 수출로 번 돈을 다시 미국에 빌려준다. 이 순환이 계속 반복되며 두 나라가 상호의존 상태에 이른다는 것이다.

중국이 미국에 수출하고 받은 달러를 미국에 빌려주지 않으면 위안화가 평가절상(환율 하락)되어 중국의 대미 수출이 감소하는 결과를 낳는다.

미국과 중국 간에 벌어지는 이런 현상은 1970년대에도 벌어졌었다. 당시에는 미국에 석유를 파는 중동 국가가 지금의 중국과 같은 역할을 했다. 1980년대에는 독일과 일본이 이 역할을 했다. 1990년대에는 동아시아 개발도상국이 이 역할을 했다.

1950~60년대는 세계대전 직후라 유럽과 일본, 중국 등의 경제가 제대로 복구되지 않았을 때이고 냉전시대이다 보니 달러가 전 세계에 충분히 퍼져 있지 않았다. 사실 1950년대에는 달러 부족으로 인해 위기가 올 것이라고도 했다. 금본위제하에서 물가 하락을 경험했기 때문이다. 1960년대에 들어와 미군의 해외 주둔과 해외 원조 등이 활발해지며 드디어 달러가 흔해진다. 이때 바로 유로커런시시장이 형성되며 미국 밖에서도 달러의 거래가 활성화된다.

◈ 달러는 어떻게 안전자산이 되었나

그렇다면 달러는 어떻게 전 세계에 퍼지며 안전자산이 되었을까? 안전자산이란 위기 상황에도 신뢰할 수 있어 수요가 몰리는 자산이다. 이런 자산에는 달러와 유로는 물론이고 엔화도 포함된다. 엔화는 해외에 투자된 약 1조 엔 가량의 일본 해외자산이 근본이다. 엔화는 평소에는 좀 약세다. 엔화가 해외로 계속 나가기 때문이다. 그러다 위기 상황이 발생하면 일본의 투자자들은 해외에서 자산을 처분하고 본국으로 돈을 가져온다. 엔화가 안전자산이 되어 본국으로 돌아오면 엔화가 강세가 된다.

엔화보다 더 안전한 미국 달러는 환류시스템이 작동한다. 해외에 뿌려진 달러가 본국으로 들어온다는 것은 미국 국채, 장기물 정부보증 채권 등을 발행한 것이다. 미국 입장에서 볼 때 채권을 발행해 빌린 달러는 미국 내 금융시스템을 통해서도 유통된다. 미국 내 역외 달러시장(해외 은행에 자금을 빌려주는 시장)은 전 세계 은행에 단기 저리로 달러를 빌려준다. 한마디로 미국은 전 세계에서 장기대출을 받은 돈을 다시 전 세계에 단기대출을 한다는 것이다.

장기로 돈을 빌려준 금융기관들은 위기 상황에 빌려준 돈을 회수하지 못한다. 하지만 미국이 다른 나라에 빌려준 돈은 단기대출이기 때문에 위기 상황이 발생하면 해외자산을 매각하고 회수해오면 된다. 해외자산을 매각한 돈은 미국으로 들어와 미국 국채를 매입한다. 안전자산을 선호하는 이러한 현상으로 인해 미국이 돈을 많이 빌리면 빌릴수록, 즉 장기로 빌린 돈을 단기로 많이 빌려줄수록 미국 돈인 달러는 더더욱 안전해진다.

왜 미국의 최대 수출품을 달러라고 하는지 이해되었을 것이다. 미국은 다양한 제품을 수입한다. 그 돈이 달러로 전 세계에 풀린다. 그 돈이 다시 미국으로 돌아온다. 미국은 그런 이유로 돈으로 굴러가는 국가다. 미국 자체가 은행 역할을 한다. 은행만큼 안전한 곳이 있겠는가. 위기가 닥칠 때마다 달러는 미국으로 간다. 역설적으로 미국 경제가 어려워도 달러는 가장 안전한 미국으로 들어간다. 부러울 수밖에 없는 나라다.

새로운 이론과 금융시스템

◈ 서브프라임 모기지 사태 이전 미국의 부동산 가격

2018년 현재 미국 인구는 약 3억 2600만 명이다. 건국 이후 미국의 인구는 100배 가까이 늘어났다. 이에 발맞춰 토지 가격도 엄청나게 상승했다. 미국의 초창기 이민자들이 인디언들에게 24달러어치의 구슬과 장신구를 주고 뉴욕 맨해튼을 통째로 사버린 이야기는 지금도 전설처럼 전해온다. 이렇게 예전 이야기는 그만하고 미국이 세계 패권을 장악한 2차 세계대전 이후에 초점을 맞춰보자.

2차 세계대전에 참전한 군인을 상대로 미국 정부는 주택구입비 등 정착 자금을 지원했다. 땅이 있는 사람에게는 건축 자금을 장기 저리로 대출해줬다.

정부의 지원 덕분에 주택 보급률이 높아졌지만 늘 좋았던 것은 아니다. 미국은 부동산을 주식화한 리츠라는 펀드상품을 만들어 사고판다. 문제는 이 산업이 주기적으로 말살당한다는 것이다. 말살이라는 표현이 과격할 수 있지만 진짜로 그런 일이 발생했다. 정부보증기관의 노력과 선진화된 금융기관을 통해 공급된 자금으로 집을 잘 건설해서 행복하게 평생 살 수 있으면 좋겠지만 세상일이란 뜻대로 되지 않는 법이다. 1980년대에 미국에서 저축대부조합 사태가 터진다. 우리로 치면 저축은행 사태다. 정부가 금융시장을 개방하고 규제를 풀어주자 저축대부조합은 돈을 풀어버린다. 부동산업자와 짜고 대규모 대출을 했다. 빌린 돈으로 거대한 주거지역을 조성한다. 이 돈이 지방에 거대한 부동산 제국을 건설하기도 했다. 그 후에 경기가 나빠지고 부동산 버블이 붕괴되며 난리가 난다.

1990년이 되자 다시 미국 부동산 가격이 상승하기 시작한다. 1990년에 미국 부동산 가격은 정점을 찍을 정도로 상승했다. 당시의 상승세는 금융시장의 자율화, 베이비부머 세대의 주택 구입, 신종 금융상품을 통한 원활한 금융 지원 등으로 인한 것이라고 할 수 있다. 베이비부머 세대가 워낙 많다 보니 이들이 집을 구입하자 모기지대출을 하던 공공기관만으로는 대출 수요를 감당할 수 없었다. 민간에 MBS(Mortgage Backed Securities : 주택저당증권) 시장을 개방하게 된다. 여기서 바로 서브프라임 모기지 사태가 탄생할 여지가 생긴 것이다. 이와 함께 이 모기지로 포트폴리오를 구성해 아무도 정체를 알 수 없게 만든 CDO가 개발된다. 원래는 위험을 분산할 목적이었는데 사실 누구도 이 상품에 대해 잘 몰랐다. 여기에 CDS(Credit Default Swap : 신용부도스와프)라는 더 알쏭달쏭한 상품마저 탄생한다. 이렇게 뭔지도 모르고 위험을 측정하기 어려운 상품에 어마어마한 돈이 오고간다.

이후 미국 부동산은 1995년까지 다른 국가들처럼 하락의 길을 걷는다. 좋게 표현하면 안정화다. 1995년부터 2006년까지는 장기 상승장이 이어진다. 이 기간 중 IT버블이 일어나고, 9·11테러가 발생하기도 했다. 뒤 이어 이라크전쟁도 발발했는데 부동산만 놓고 보자면 저금리로 인해 마구마구 달리던 시절이다. 금리는 낮고 CDO, CDS, MBS 등의 신용상품이 대규모로 유동성을 공급하고 있었다. 부동산 버블을 촉발한 서브프라임 모기지 사태를 열심히 불러일으키고 있었던 것이다. 아주 많은 사람들이 행복했던 상승장이었다. 로버트 기요사키의 세계적인 베스트셀러 《부자 아빠 가난한 아빠》도 이 시기에 출간되어 부동산에 투자(또는 투기)해야 하는 당위성을 설명했다. 많은 사람들이 이 책을 읽고 감화, 감동받아 실천한다.

이때 뜨거워진 부동산과 더불어 새로운 이론이 등장한다. '슈퍼스타 이론'이다. 버블의 탄생과 무너지는 과정을 설명하는 하이먼 민스키의 모델에 따르면 버블의 거의 막바지에 새로운 이론이 탄생한다. 대공황 전에도 유명한 경제학자인 어빙 피셔가 "미국 주식 가격은 이제 더 이상 내려올 수 없는 대고원에 들어섰다"는 말을 했을 정도다. 이런 기대감이 팽배했지만 그 이후로는 늘 그렇듯이 되풀이되는 역사의 일부였다.

'슈퍼스타 시티 이론'도 마찬가지다. 미국의 동부 해안과 서부 해안을 비롯한 대도시들은 토지 공급은 부족하고, 부자들을 끌어당기는 직장·교육·커뮤니티라는 매력과 능력을 갖고 있기에 지금까지 올랐던 것처럼 앞으로도 계속 오를 것이라는 이론이다. 2006년에 이 이론을 소개한 논문이 발표되자마자 한국에서 인용이 된다. 한국에서 강남은 영원할 것이고 앞으로도 사라지지 않을 것이라는 말과 너무 똑같지 않은가? 실제로 서브프라임 모기지 사태가 터진 후 조사해보니 슈퍼스타 시티에는 대규모 서브프라임 모기지가 집중되었던 걸 알 수 있었다. 특히나 그쪽 지역 빈민가에는 대규모 모기지가 주택 가격을 밀어올렸다. 알다시피 그 이후 아주 오랫동안 고통을 당한다.

◈ 무너진 신화

주택 가격이 상승하니 그에 따른 합당한 이유를 찾아야 했다. 그건 다음과 같다.

- 미국은 경제 대국이니 주택 가격이 계속 오르는 게 맞다.
- 미국은 이민자가 끊임없이 들어오니 주택 가격이 오르는 것이 맞다.

- 동부와 서부 해안 지역은 토지 공급이 부족하니 주택 가격이 오르는 것이 맞다.
- 부유한 노인들이 세컨드 하우스를 구입하니 주택 가격이 오르는 것이 맞다.
- 부유한 노인들이 노후를 위해 수익형 부동산을 구입하니 주택 가격이 오르는 것이 맞다.
- 노인들은 돈이 많고 이들은 예전보다 더 현명하니 위험한 행동을 할 이유가 없다.
- 학군·직장 등이 동부와 서부 해안에 밀집해 있으니 오르는 게 맞다.
- 미국 금융시스템은 매우 안정적이고 세계 최고라 버블이 있을 리가 없다.

이런 이야기는 어디선가 참 많이 들어본 것 같지 않은가? 저 말을 한국에 맞게 단어를 변경해 대입해도 어색할 게 없다. 이 모든 것은 서브프라임 모기지 사태가 나기 전까지만 유효했다. 비핵심대출로 이뤄진 약한 기반 위에 쌓은 모래성이었던 것이다. 도매금융이 무너지고 그 영향으로 모기지 회사가 무너지며 약한 고리가 끊어지면서 아비규환이 펼쳐졌다. 모기지 회사가 무너지는 정도는 문제도 아니었다. 금융시스템에서 고전적 방식의 뱅크런이 아닌 새로운 뱅크런이 발생했다. 도매금융시장의 뱅크런, 자동차 산업을 필두로 한 메인스트리트에서의 뱅크런, 해외에서 발생하는 국가 뱅크런 등이 발생하며 신종 위기로 발전했다.

비록 그 시작은 서브프라임 모기지 사태이지만 궁극적으로 비핵심대출을 너무 많이 일으킨 금융시스템이 그 모순을 못 이기고 붕괴한 것이다. 더 놀라운 것은 이런 현상이 미국에서만 일어난 것이 아니라 전 세계에서 지속적으로 반복되며 발생한다는 것이다. MMF, RP 시장이 비핵심대출의 핵심시장이다. 미국은 이 시장이 매우 컸다. 여기서 너무 많은 자금을 단기로 조달했다. 거기에다 유로커런시시장에서도 빌렸다. 리먼브라더스도 단기로 도매금융시장에서 너무 큰돈을 빌린 후 장기로 빌려줬다가 파산했다.

2008년 금융위기 당시 FRB 의장이던 벤 버냉키와 금융위기 이후 곧바로 재무부 장관에 취임한 티모시 가이트너가 금융위기의 진화에 나서 시장에 엄청난 돈을 뿌려댔다. 버냉키 의장은 버블 연구에 일가견이 있는 사람이고, 가이트너 장관은 한국의 IMF 외환위기 때 미 재무부 차관보로 시장에 돈을 푸는 것을 지휘한 사람 중 한 명이었다.

2000년대 초반 IT버블이 터지며 미국은 경제가 안 좋았다. 당시 부동산 관련 산업에서 만들어진 일자리가 미국 신규 일자리를 거의 충당했다. 부동산 산업이 미국을 지탱하고 있어 FRB는 금리를 쉽게 올릴 수 있는 상황도 아니었다. 거기에 9·11테러 후유증에 이라크전쟁까지 이어지며 경제가 어려워질 가능성이 높아지며 통화정책을 계속 완화해야 했다. 저가로 수입된 중국산 제품 덕에 물가도 안정되니 FRB는 굳이 실업률을 올려가면서까지 금리를 올릴 이유가 없었다.

게다가 미국은 금융이 발달한 국가다. 한국에 전세제도가 있다면 미국에는 리파이낸싱이 있다. 리파이낸싱(refinancing)은 집을 담보로 일종의 마이너스 통장을 만드는 것이다. 내 집이 1억이면 은행에서 인정한 5000만 원에서 7000만 원까지는 자유롭게 인출해서 사용할 수 있다. 여기서 주택 가격이 오르면 대출 한도도 함께 오른다. 주택 가격이 2억이 된다면 쓸 수 있는 돈이 저절로 늘어나는 식이다. 이렇게 돈을 계속 융통해서 쓸 수 있다. 어떻게 보면 무척 합리적이라는 생각도 들지만 무척이나 위험하다.

미국에서는 홈에쿼티론(home eqity loans)을 활용한다. 우리로 치면 1억 주택 중 3000만 원은 주택담보대출이고 5000만 원은 전세보증금이라면 대략 2000만 원 정도가 주인이 실제로 지닌 가치다. 미국에서는 전세보증금 5000만 원만큼을 리파이낸싱으로 당겨 쓸 수 있었다. 기가 막힌 제도 아닌가? 미국은 생명보험을 담보로 돈을 당겨 쓸 수 있는 나라이니 더 이상 말할 필요가 없을 것이다. 금융 선진국에서는 이런 일이 비일비재하게 벌어진다.

이렇게 만들어진 돈이 미국의 근로자가 일을 해서 벌어들인 돈보다 훨씬 규모가 크다. 미국인들은 이 돈으로 소비를 하고 그 덕에 중국에서 더 많은 물건을 사오고 중국은 미국에 더 많은 돈을 빌려준다. 그렇게 또다시 미국 달러가 순환되며 더 많은 돈을 쓰고 금리가 이에 맞춰 떨어지고 주택 가격은 오르는 아주 오묘한 순환이 이뤄진다. 2004년에서 2006년까지 대규모 서브프라임 모기지가 집행된다. 거기에 닌자론까지 대규모로 나간다. 닌자론(ninjaloan)은 'No income no job no asset'의 약어로 직장이 없고 돈을 못 벌어도 해주는 대출이다. 상환능력 같은 것은 따지지 않고 그냥 조건 없이 대출을 해줬다. 일본이 LTV 120%를 대출해줬다고 대단하다고 했지만 당시 미국은 주택 가격의 2배까지 대출해준 것이다. 아름다운 시절이었다. 돈이 돈을 벌고 돈이 넘쳐나고 자본주의는 통제에서 완전히 벗어난 상태였다.

부동산과
금융

◈ 유동성 증가로 인한 부동산 가격 상승

　노벨경제학상을 수상한 로버트 쉴러 예일대 교수가 1980년부터의 미국 주택 가격에 물가를 반영해 살펴본 결과 몇 번이나 점프가 나타났다. 실질가격에 물가 상승분을 반영한 것을 명목가격이라고 하는데 물가 상승분을 제외하면 주택 가격 상승폭이 크지는 않다. 엄청난 물가 상승이 있었다는 걸 감안하더라도 미국의 주택 가격은 쉼없이 거의 쭉쭉 올랐다. 한국의 주택 가격은 명목가격상으로도 그다지 오르지 않았는데 말이다.

　로버트 쉴러 교수에 따르면 금리는 주택 가격 움직임에 별다른 영향을 미치지 않는다. 인구는 분명 중요한 요소지만 미국의 사례에서

봐도 인구가 주택 가격을 전체적으로 밀어올린다고 보기에는 좀 애매하다. 주택 가격을 움직이는 요인이라고 보기에는 어렵겠지만 건축비와 토지 가격의 상승은 주택 가격의 상승에 매우 핵심적인 역할을 했다. 이뿐만 아니라 개발 가능한 토지의 부족도 주택 가격의 상승을 촉발했다. 하지만 가격 상승을 촉발하는 가장 강력한 요인은 끊임없는 유동성의 증가라고 할 수 있다.

유동성의 증가로 인한 주택 가격의 상승에 대해 하나씩 체계적으로 살펴보자.

1930년대 이전에는 미국인의 자가거주율은 40% 미만이었고, 주택담보대출은 3~5년의 거치기간에 일시상환 방식이 보편적이었다. 대공황의 여파로 토지 가격은 1920년대 가격의 절반 정도에 형성되었다. 대공황으로 침체된 경제를 살리기 위해 루즈벨트 대통령이 실시한 뉴딜 정책 중에는 내집마련을 장려하는 주택시장 부양책이 담겨 있었다. 연방정부 산하에 주택사업국을 두어 모기지 판매를 담당하는 저축대부조합을 만들었다. 또한 연방예금보험을 설립해 저축대부조합에 연방 보증보험을 제공함으로써 주택 구입가의 80%까지 최장 20년 동안 저금리에 할부상환 방식으로 대출이 가능해졌다.

패니메이도 이때 창설됐는데, 패니메이에서 채권을 발행한 돈으로 저축대부조합의 모기지를 매입함으로써 모기지 시장을 활성화하는 역할을 했다. 당시 저축대부조합들은 사무실 근방 80km 이내의 모기지만 취급할 수 있었으며, FRB에서 규정한 은행 예금이율 최고 한도인 레귤레이션 Q가 적용되었다. 이러한 주택시장 부양책으로 인해 자가거주율이 40%에서 60%로 상승한다.

1968년 미 연방정부는 주택시장에 더 많은 자금을 공급하기 위해 패니메이를 분할해 정부저당금고(Ginnie Mae)를 설립한다. 정부저당금고는 퇴역 군인 등 빈곤자들의 채무불이행 위험에 대비하여 민간대출기관에서 발행한 증권에 대해서 지급보증을 해주는 역할을 했다. 같은 해에 연방정부는 베트남전으로 재정적자가 심화되어 부담을 줄이기 위해 패니메이를 민영화했으나 정부가 보증을 서는 기관으로 인식되어 왔기 때문에 자금을 조달하는 데에는 이점을 누렸다. 1970년 패니메이의 독점체제를 견제하기 위해 미 의회의 승인을 받은 프레디맥(Freddie Mac : 연방주택대출저당공사)이 설립되었다. 프레디맥의 설립 목적은 패니메이와 경쟁하여 모기지 유통시장을 활성화하고 주택담보대출 금리를 낮추는 것이다.

1970년대 들어 평균 물가상승률이 연 12%가 되어 모기지업체들의 영업에 비상에 걸렸다. 모기지는 연 9% 고정금리에 30년 만기 대출을 진행하고 있었기 때문에 인플레이션 상황에서는 업체들이 손해를 볼 수밖에 없었다. 한편 돈을 빌린 사람들은 완전히 공짜 점심을 먹는 것과 같았다. 시장에 가수요가 생겨 주택 가격에 영향을 주었다. 1963년부터 1979년까지 명목가격 기준으로 주택 가격이 무려 3배 상승한다. 이에 반해 물가는 2.5배가 올랐다. 1980년 당시 FRB 의장인 폴 볼커가 물가 상승을 막기 위해 고금리 정책과 유동성 규제 정책을 실시했다. '가수요=유동성 주입=가격 상승'이라는 등식이 성립된다. 아주 멋진 일이 벌어졌다.

1980년대 후반 저축대부조합 사태가 발생한다. 저축대부조합에 대한 예금보험을 가입하기는 했지만 저축대부조합들을 구제하기엔 역부족이었다. 1966년부터 레귤레이션 Q의 영향을 받아 예금금리는 연 5.5%만 가능했다. 소비자들은 더 높은 이자를 원했지만 미국 정부는 저금리 대출을 원해 저축 금리도 저금리를 유도했다. 그게 레귤레이션 Q였다. 반면에 해외 저축이 가능해지자 보다 높은 금리를 지급하는 은행으로 몰렸다. 예금금리 상한선인 연 5.5%보다 0.25% 높은 수준을 받을 수 있는 영국의 유로커런시시장이 성장했다.

그러자 저축대부조합 중에 장기 고정금리 모기지에서부터 대규모 손실이 발생했다. 예금은 당시 금리가 높았던 MMF로 탈출했는데 연 20%대의 MMF도 있었다고 한다.

레이건 대통령은 세금우대정책과 탈규제로 저축대부조합을 살려내기로 하고 이후 규제를 정비한다. 장기 모기지 외에 다른 자산에도 투자의 길을 열어주는데 상업용 부동산, 정크본드, 주식 등에 전부 열어준다. 이자 규제도 철폐하며 예금자가 원하는 수준으로 이자율을 높였다. 예금보험 한도액을 4만 달러에서 10만 달러로 상향 조정했다. 자금이 부족할 경우에 10만 달러 단위로 양도성 예금증서를 묶어 파는 중개업자부터 브로커 예금 형태로 자금을 조달하는 도덕적 해이가 발생했다. 대규모 자금을 모집하여 부동산업자들에게 집중적으로 대출해주었다. 단기로 자금을 조달하여 장기로 대출하는 상황이 펼쳐진다. 자산과 부채의 간극이 벌어진다. 이 사태로 재판이 진행되어 무려 550명이 유죄 판결을 받고, 326명이 감옥에 갔다.

1980년대는 살로몬브라더스의 루이스 라니에리가 저축대부조합이 망하면서 싸게 매각한 모기지를 대량 매입한다. 이때 모은 모기지를 수천 개씩 묶어 완전히 새롭고도 매력적인 새로운 증권으로 만들어낸다. 이전까지는 기업과 정부만 채권을 만들어 판매했는데 그는 모기지를 채권으로 전환했다. 이자 지급 기한을 만기와 신용도에 따라 나눴는데 이것이 MBS로 1983년 6월에 첫선을 보인다. 이렇게 증권화된 상품이던 모기지가 대부분 정부보증기관(패니, 지니, 프레디)의 보증을 받는다.

◆ 금융이 부동산에 침투해 버블을 일으키다

안전성이 보장된 모기지 시장이 1990년~2004년까지 약 5000억 달러에서 4조 달러로 성장한다. 이 중에는 비적격 저당대출채권이라 불리는 정부의 보증을 받을 수 없는 증권이 발생한다. 부적격 모기지에 대해 민간채권 보증업체가 보증을 해준다. 민간이 보증한 이 모기지를 다시 증권화하여 판매한다. 주택 모기지 시장의 증권화 비율은

1980년 10%에서 2007년 56%로 증가한다. 2007년에는 민간 기업들이 약 2조 달러 가량을 증권화했다. 이후에 이미 알고 있듯이 서브프라임 모기지 사태가 벌어진다.

2000년 IT 버블이 터지고 금리를 내린 미국은 9·11테러가 나자 경제를 살리려고 금리를 내린다. 2003년에는 이라크전쟁이 발발해 금리를 올리기에는 힘든 상황이 된다. 2004년에 투자은행들을 위해 자기자본 대비 차입비율을 확 올려준다. 쉽게 표현해서 돈을 더 빌려서 마음껏 투자하라는 뜻이다. 그러자 아주 우스운 상황이 곳곳에서 펼쳐진다. 너도나도 넘쳐나는 달러를 갖고 국부펀드를 만들어 투자하는 국가들이 생겼다.

달러는 대외지급에 대비하는 준비통화로 외환 안정을 위해서 보유하고 있어야 하는데 국부펀드라는 이름으로 이 돈들이 곳곳에 나온다. 그 돈들이 누구를 만나겠는가. 미국에 와보니 아주 유명한 신용평가사가 신용을 평가하는데 미국 정부와 똑같은 트리플 A 등급을 받은 신종 안정채권을 팔고 있었다. 합성 CDO라고 하여 수학적으로 매우 안전하고 부도 위험성도 낮다고 한다. 여러 시뮬레이션을 돌려보니 미국 주택 가격이 다 함께 떨어지는 상황이 오기 전에는 절대로 안전하다고 한다. 미국 역사상 모든 주에서 주택 가격이 한꺼번에 떨어지는 일은 없었다는 것이다.

솔직히 이걸 만든 회사도 이게 뭔지 잘 몰랐다. 이렇게 저렇게 막 섞고 또 섞어 넣으니 눈치채기도 힘들고 다들 좋게 평가하니 좋다고 믿었다. 이런 상황에서 미국에 투자하러 온 국부펀드는 너무 좋아한다. 안전한 상품이 수익도 괜찮으니 얼씨구나 하며 투자한다. 미국 투자은행은 이런 호구들 덕분에 기쁜 마음으로 마구 팔아버린다. 최종 책임이 국부펀드이니 더 좋았다. 당시에 아랍계 자금, 일본계 자금, 중국계 자금이 작정하고 마음껏 합성 CDO를 구입했다. 수요는 늘어나고 공급이 부족하자 또다시 가격이 상승한다. 마법이 일어난다. 이걸 다시 합성하고 나누고 위험을 분산해서 섞어 놓으니 누구도 위험을 인지하지 못했다. 너무 창조적인 상품이 세상에 나왔다. 거기에 CDS라는 보험까지 들었으니 더할 나위 없는 상품이다. 특히 중국쪽 자금이 국부펀드를 엄청나게 사들인다.

이처럼 미국 부동산 가격이 적정선을 넘어 버블까지 미친 듯이 쉼 없이 달린 것은 금융이 발달하며 부동산에 침투한 결과다. 2000년 대 미국 부동산으로 만든 다양한 금융상품은 미국이 아닌 외국의 안전한 국부펀드까지 구입한다. 이렇게 누적되며 점차적으로 금융이 부동산을 먹어치우며 가격은 돌이킬 수 없는 버블로 향했다.

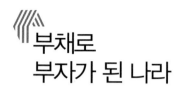

부채로
부자가 된 나라

◈ **달러는 어떻게 기축통화가 되었나**

미국은 거대한 나라다. 무서울 정도로 크다. 2차 세계대전 후 강대국으로 부상한 미국은 아직까지 세계 패권국의 지위를 유지하고 있다. 패권국으로서 미국의 지위를 유지시켜주는 것 중 하나는 기축통화로서 달러가 국제금융거래에서 활발히 사용되고 있다는 점이다. 중국의 경제력도 미국에 견줄 만큼 성장했다고는 하지만 위안화는 기축통화가 되려면 아직 멀었다.

미국은 끊임없이 부채를 늘려왔다. 특히 연방정부의 부채 규모는 2000년대 이후 더욱 가파르게 증가하고 있다. 빌리고, 빌리고, 또 빌리고 계속 빌린다. 미국이 아닌 다른 나라가 이런 식으로 빌렸다면 돈이 휴지조각이 됐을 것이다. 이 정도로 엄청나게 찍어 내면 달러 가치가 떨어져야 하는데 미국 달러의 가치를 나타내는 지수인 달러인덱스는 2000년 초반까지 상승했다. 2010년 초반까지는 하락했지만 그 이후로 달러인덱스는 다시 상승했다. 미국은 전보다 많은 부채를 지고 있는데 말이다.

사실 예전 금본위제하에서는 금이 모든 가격의 기초였다. 이런 상황에서는 가격은 움직임이 없는 것이 맞다. 1971년 전 상황은 결코 그렇지 않았다. 금 가격이 올라갔고 금본위제를 유지하기 위해 많은 비용이 들어갔다. 당시에 그 비용의 대부분을 미국이 부담하고 있었다. 시장에서 금 가격이 비싸지니 미국 달러를 주고 미국에서 금괴로 갖고 오는 것이 훨씬 이득이었다. 금태환이 일어난 이유다. 해외 중앙은행이나 개인이 할 수 있으면 최대한 금태환을 하는 것이 이득이었다. 시장에서 금이 비싸니 말이다.

이렇게 된 것은 미국이 돈을 너무 많이 찍어서 돈의 가치가 금보다 낮아졌기 때문이었다. 돈의 가치를 다시 높이려면 물가를 떨어뜨려야 하는데 그러려면 경기가 안 좋아질 우려가 있다. 민주주의 국가에서 정치인들에게 이건 완전히 자살행위다. 실업자가 양산되고 기업이 줄도산하기를 원하는 정치인이 있을 리가 없지 않겠는가. 이렇듯 금본위제하에서는 가치가 떨어지면 불황이라도 만들어 가치를 유지해야 하는데 당연히 미국이 이걸 찬성할 리가 없다. 그 결과 1971년 미국은 금태환 정지를 선언한다. 이전까지 돈은 금에 묶여 있었고 드디어 돈이 금에서 풀려난다. 돈과 금의 연계가 끊어지자 아주 빠른 속도로 부채가 증가했다.

예전에는 돌·조가비·금속·은·금 등을 화폐로 활용했다. 지금처럼 신용화폐로 넘어온 지는 얼마 되지 않는다. 겨우 100년이 조금 넘는 정도의 역사다. 과거에는 실물과 돈이 등가되었지만 이제는 오로지 신용과 기호만 존재한다. 금본위제에서 탈피한 이후 부채를 늘릴 기회를 갖고 있던 여러 나라가 이전투구한 결과 미국이 그 지위를 차지했다. 가장 강한 놈이 다 먹는 거다.

◈ 세계 유동성 공급처, 미국

미국만 열심히 달러를 찍어댄 것은 아니었다. 다른 선진국들도 덩달아 같이 막 찍어댄다. 불황에 대응하기 위해, 복지를 위해, 전쟁비용 조달을 위해 달러를 찍어대자 1970년대에 물가가 상승한다. 이런 상황에서도 미국은 여전히 부채를 더 많이 만들어 찍는다. 멈출 수도 없게 되었다. 미국의 부채는 전 세계에 유동성을 공급한다. 미국의 부채가 늘어날수록 그 돈이 세계를 돌아다니며 윤활유 역할을 한다. 미국의 부채가 늘어나도 상관이 없는 이유다.

국제무역거래에서는 결제수단으로 주로 미국 달러를 사용한다.

그래서 각 국가는 달러를 보유하고 있어야 한다. 세계화가 더욱 가속화되며 무역이 살아나니 미국은 적자가 더 커져도 달러가 미국 내에서 물가를 자극하지 않는 상황이 되었다. 돈이 무역을 위한 준비통화로 해외에 쌓이자 미국 내 물가는 오르지 않았다. 대신 해외에서는 달러가 늘어난 만큼 자산 가격이 올랐다. 실제로 선진 14개국의 주택 가격을 살펴보면 2000년대에 엄청나게 상승한다. 미국에서 빠져나간 달러가 해외를 떠돌며 자산 가격을 밀어올린 것이다. 해당 국가의 정책 당국자가 실수하면 거의 어김없이 거품이 생겼다.

미국에서 빠져나간 달러가 세계 각국에서 거품을 일으키는 과정을 다음과 같이 다섯 시기로 나누어볼 수 있다.

1기 : 미국이 돈을 찍어내기 시작한 1970년~1980년. 미국 물가 상승

2기 : 미국에서 찍어낸 돈이 일본과 유럽 국가들의 무역수지 흑자가 되며 이들 국가에 달러가 유입됨. 1980년~1990년에 일본과 유럽에 버블이 일어남.

3기 : 일본과 유럽이 버블 (붕괴로 인한) 후유증을 앓는 동안 개발도상국으로 달러가 유입되고, 이들 나라는 통화조절을 못함. 1997년~98년 동남아시아 외환위기나 한국의 IMF 외환위기.

4기 : 달러가 돌고 돌아 미국으로 회귀. 2000년대 미국에 IT 버블을 만들고 다시 정부보증기관을 통해 주택 버블을 만들어냄.

5기 : 서브프라임 모기지 사태 이후 미국은 부채증가율이 줄었다. 그 덕분

에 전 세계 경제가 힘들어짐. 최근에 다시 좀 회복되고 있는데 미국 이외 다른 국가에서 열심히 돈을 푸는 중임.

5기에 들어와 달러가 어디로 흘러가고 있는지 현재로서는 오리무중이다. 이를 방지하기 위해 주요 선진국의 중앙은행은 '금융안정보고서'를 만들어 발간한다. 1970년 이후 주요 선진국 주택 가격 상승은 미국의 국채 발행에서 그 원인을 찾을 수 있다. 생전 처음 겪는 일이다 보니 다들 제대로 대처하지 못했다. 굳이 전례를 찾자면 과거 대항해 시대에 신대륙에서 은이 유럽으로 쏟아지며 물가가 상승했던 때와 비슷하다. 과거에는 은이 물가를 올렸고, 지금은 달러가 물가를 올린다.

미국의 자금 순환

미국은 재정적자도 엄청나고, 무역적자도 엄청나다. 신기하게도 이런 와중에도 점점 더 부자가 된다. 다른 국가에서는 꿈도 꾸지 못할 일이 미국에서는 벌어진다. 미국의 시대별 자금 순환을 돌아보며 세계가 어떤 식으로 발맞춰 돌아갔는지 살펴보자.

▷ 2차 세계대전

시작은 2차 세계대전이었다. 수천만 명이 죽으며 세상이 돌아가는 시스템이 바뀌었다. 특히 유럽은 국가마다 곳곳에서 전부 전쟁의 상흔이 사라지지 않았다. 유럽에 존재했던 산업기반시설이 전쟁으로 인명 피해는 물론이고 산업 생산력이 돌이킬 수 없는 상처를 입게 되었다. 이전까지 전 세계를 제국주의로 이끌던 유럽은 점점 패권에 금이 가며 쇠락하기 시작했다.

▷ 1950년대

유럽은 생산시설이 다 망가졌고 물자가 부족해졌다. 물자를 구매하고 조달할 수 있는 곳은 미국이 유일했다. 미국과 거래하기 위해서는 달러가 필요했다. 차를 굴리려면 기름이 필요한데 기름은 당시에 주로 미국에서 생산되었다. 기름을 사려면 달러가 필요했는데 유럽은 달러가 없었다. 미국은 유럽, 한국, 일본 등에 미군을 파견했다. 이를 위해 엄청난 비용이 필요했다. 그 돈이 바로 미국 밖으로 달러가 빠져나간 통로가 되었다. 미국은 유럽 부흥을 위해 대규모 원조를 결정한다. 유럽은 달러를 받아 미국에서 공장을 다시 짓기 위한 장비 등을 구입했다. 미국 생산력과 국력, 정치력은 해외에서 달러 부족이 계속될 상황이라고 예측했고 그로 인해 세계는 고생할 것이라는 고민을 하고 있었다. 이때까지도 파운드화 패권은 무너지지 않았다. 하지만 물건을 사고 싶으면 달러가 필요했다. 파운드화는 물자를 구입하는 데 통용되기 힘들었고 영국의 국력도 회복되지 않고 점점 약화되어갔다.

▷ 1960년대

미국은 한국전쟁과 베트남전쟁 등으로 해외에 엄청난 돈을 뿌렸다. 한국전쟁에는 일본에서 자동차와 물자를 만들기 위해 투입했고, 베트남전쟁에서 한국은 정주영 현대 회장의 경우 베트남까지 가서 공사를 해 돈을 벌고 한진그룹은 물자를 운송하며 돈을 벌었다. 독일은 흑자를 낸 후에 계속 흑자 기조를 유지했다. 아직까지 달러와 금은 묶여 있어 금태환이 가능한 시기였다. 엄청나게 풀린 달러는 영국에서 유로커런시시장을 만들어 미국 외부에서 달러를 빌려주고 빌려오는 시장이 형성된다. 한마디로 달러가 전 세계 기축통화로 자리를 잡아간다. 이때부터 무엇을 사고 팔든 달러로 결제하는 시스템이 구축되고 정착되었다.

▷ 1970년대

적자가 점점 더 커지자 미국은 달러 금태환 정지를 선언한다. 금태환이 안 되는 달러는 그저 종이일 뿐인데도 다들 물건을 사고 팔 때 달러를 사용한다. 심지어 달러가 필요하다고 달라고 한다. 이렇게 달러는 기축통화로서 자리를 잡는다. 영국의 파운드화는 기축통화의 자리가 달러에게 넘어갔다는 것을 인정하고 유로커런시시장을 성장시키는 데 매진한다. 마국은 적자가 계속되어 대규모 달러가 외부에 유출되지만 그 돈이 다시 들어온다. 바로 오일달러다. 1차 달러 순환. 1차 오일쇼크 이후 급격하게 오른 석유가격은 오일달러를 만든다. 산유국들은 석유를 팔아 오일달러를 축적했지만 자국 내에 투자할 산업이 없어 그 돈을 다시 미국에 투자하게 되었다. 지금도 그렇고, 당시도 가장 큰 경제 단위였던 미국으로 달러가 다시 돌아갔다. 미국은 적자가 나더라도 금리를 올리지 않아도 되었다.

▷ 1980년대

신자유주의가 대두되며 미국은 쌍둥이 적자(레이건 정부 시절의 막대한 재정적자와 무역적자)를 봤다. 미국과 영국은 양대 금융강국으로 신자유주의를 전 세계에서 주창하고 앞장서 실천한다. 금융규제를 완화하고 금융시스템을 개방하며 민영화한다. 미국 대통령은 러시아와 군비 경쟁에 돌입하며 정부의 재정적자는 더욱 커진다. 재정적자는 무역수지에 부담을 주며 적자폭을 더욱 키운다. 이런 무역수지 적자를 완화하기 위해 플라자합의와 루브르합의를 한다. 무역과 재정에 적자가 나면 금리를 올려 재정적자를 축소하고 경제가 축소되어야 하는데 미국은 그렇게 하지 않는다. 그러지 않아도 돈이 미국으로 들어오기 때문이다. 일본과 독일은 자국의 환율이 평가절상되는 것을 막기 위해 미국에 수출해서 번 달러를 다시 미국에 빌려준다. 이 덕분에 미국은 무역수지로 빠져나간 달러가 다시 들어와 현금부족과 재정적자를 감내할 수 있었다. 이 결과로 금리를 계속 인하하며 경기를 부양하게 된다.

▷ 1990년대

미국 무역수지 적자는 줄긴 했지만 여전히 적자였다. 신흥국이 무역을 통해 성장했다. 당시 한국, 인도네시아, 태국 등은 자국 화폐의 평가절상을 막기 위해 또다시 미국 국채를 매입했다. 이런 순환 덕분에 미국은 여전히 적자가 나도 상관없이 경제가 돌아간다. 이전까지는 부유한 나라가 가난한 나라에게 돈을 빌려줬다면 이때부터는 가난한 나라가 부유한 나라에게 돈을 빌려주는 이상한 세상이 도래했다. 가난한 나라에서 부유한 나라로 돈이 흘러들어간다. 이런 자금 순환을 신흥국 자금의 회귀라고 불러도 된다.

▷ 2000년대

중국은 경제개방 이후 지속적으로 성장했다. 드디어 2000년대 들어 세계 경제에서 무시할 수 없는 위치까지 성장한다. 중국의 시스템은 무역을 위해 모든 것이 돌아갔다. 무역이 원활하게 돌아가기 위해서 환율을 낮게 유지해야만 했다. 국내에는 물건을 구입할 사람이 없다. 싸게 물건을 만들어 수출해야만 했다. 다행히도 중국은 저렴한 인력이 넘쳐났다. 기술도 없으니 최대한 인력을 동원해 싼 물건으로 전 세계에 만들어 팔게 되었다. 이미 다른 국가들이 했던 방법을 흉내 내고 좇아간 것이다. 중국은 물건을 만들어 미국에 수출하고 수출 대금으로 받은 돈을 다시 미국에 빌려준다. 묘하게도 가난한 중국이 부유한 미국에게 돈을 빌려주는 형국이 또다시 발생한다. 이를 중국 자금의 회귀라고 하자.

가난한 나라들이 부유한 미국에 돈을 빌려주며 미국인은 금리가 오르지 않으니 늘 경기가 쉽게 죽지 않는다. 죽어도 금방 살아난다. 금리가 낮으니 적은 이자로 돈을 빌릴 수 있다. 적은 이자로 자금을 조달할 수 있으니 미국 국방력과 사회시스템이 유지되는 근본적인 힘이 된다. 미국은 여전히 이런 방법으로 돌아가고 있다. 미국이 적자가 나야 전 세계 경제가 더 잘 돌아가는 아이러니한 상황이 이어지고 있다.

미국 중심으로 돌아가는 세계 경제

◈ 전 세계 경제는 물고 물리는 관계

　아마도 지겹게 계속 이야기하고 또 이야기할 거다. 이 책은 전문가나 경제에 대해 잘 아는 사람을 위한 책이 아니다. 경제도 모르겠고 주택 구입이나 주식 투자도 어떻게 해야 할지 모르는 사람들을 위한 책이다. 대체적으로 이런 분들은 솔직히 지금까지 이어져온 내용을 잘 쫓아왔는지도 의문이다. 할 수 있는 것은 한 가지다. 한 이야기를 또 하며 지겨워도 반복한다. 최소한 이 책을 다 읽었을 때는 용어는 몰라도 세계 경제가 이렇게 굴러가고 있고 자산 가격 변동은 이런 시스템으로 돌아간다는 것만 이해해도 족하다.

　세계 기축통화는 영국의 파운드화에서 미국의 달러로 교체되었다. 파운드화가 기축통화로 사용될 때에는 금본위제였기에 파운드화가 세계 경제에 미치는 영향력은 그다지 크지 않았다. 그 당시에도 아르헨티나 금융위기나 베어링스 은행 파산 사태 등으로 인해 추가적인 유동성이 필요했다. 금이 통화라 금을 빌려야 했는데 당시 영국이 가장 강력한 경제력과 물자(영국 직물, 기차, 배, 기타 등등)를 만들었다. 금융위기에 대한 준비금도 적었지만 타국은 이보다 더 위기에 취약했기에 위기에 대비해 금이나 파운드화를 쌓아두어야 했다. 당시에 많은 돈을 쌓아둔 흑자국가는 일본과 인도였다.

첫 번째 세계화 시대에도 금융위기가 있었다. 이때를 대비해서 돈을 쌓아두었다. 두 번째 세계화 시대인 미국 달러 시대에는 그렇게 하지 않아도 될까? 그런 게 있을 리가 없다. 똑같이 금융위기도 외환위기도 발생한다. 이럴 때 최고의 방법은 누가 뭐래도 돈 지랄이다. 이걸 못하면 물가가 떨어지고 경기불황이 온다. 돈으로 불황을 막는 거다. 이마저 안 되면 우리에게 가장 악몽이었던 IMF 외환위기를 경험해야 한다. 이건 너무 끔찍하다. 무조건 피하고 봐야 한다. 많은 무역국가들이나 교역을 하는 국가들은 자국의 화폐가 불안할수록 위기를 대응하고 외환 움직임에 잘 대응하기 위해 기축통화인 달러를 쌓아야 한다. 한국이 왜 그토록 달러 보유국에서 높은 순위인지 알겠는가.

힘들게 자동차를 팔고 가방도 팔고 손톱깎이도 팔아 미국에서 돈을 받는다. 혹시 모를 때를 대비해서 보험이라 생각하고 달러로 표시된 미국 정부의 채권을 구입한다. 이게 바로 미국에 돈을 빌려주는 이유다. 언제 또 외환위기를 경험하게 될지 모르지 않는가. 고정환율제와 금본위제하에서는 금융위기가 없던 것은 아니지만 자주 발생하지 않았다. 금융이 자율화된 1980년 이후 금융위기가 빈번해졌다. 그러나 달러만 든든하게 갖고 있으면 망하진 않는다. 고급스럽게 외환보유고라 불리는 그 달러 말이다. 재미있게도 중국, 일본, 한국은 외환보유고에서 늘 앞 순위를 자랑한다.

미국은 1970년대 이후는 언제나 새로운 먹거리로 잘 버티고 점점 더 부자가 되었다. 미국이 독일에 달러를 주고 BMW를 사면 자금이 줄어들어 수요와 공급에 따라 금리가 오르고 독일산 자동차에 대한 수요도 줄어야 한다. 그러나 이건 과거에나 벌어지던 일이다. 지금은 그렇지 않다. 사실 독일은 자국 산업의 진흥을 원했기 때문에 미국 자동차보다 싸게 팔아야 했다. 기술도 중요하겠지만 그보다 환율로 하는 것이 가장 빠르다. 독일은 낮은 환율을 유지하려 미국에 돈을 빌려주었다. 미국 국채를 구입했다는 뜻이다. 미국은 돈이 여전히 부족하지 않으니 금리를 올릴 필요가 없다. 이 상황은 주구장창 반복된다. 일본, 산유국, 한국, 중국이 독일과 동일한 길을 걷고 있다.

미국 자본시장이 개방화, 민영화, 탈규제화되면 될수록 더 많은 국가들이 미국에 돈을 빌려주려고 난리다. 다른 국가라면 정부와 국가의 재정이 적자가 나면 난리가 나 어려움을 겪을 텐데 미국은 아무 문제없다. 이걸로 군대를 유지하고 집도 구하고 차도 산다. 미국은 부채로 움직이는, 즉 신용시스템을 갖춘 나라다.

좀 더 간략하게 정리하면 다음과 같다.

- 낮은 금리는 미국의 자산 가격을 자극하여 상승시킨다.
- 미국의 과소비에도 불구하고 낮은 금리가 가능한 것은 한국, 중국, 일본 등이 미국채를 사주기 때문이다.
- 낮은 금리는 자산 가격을 밀어올리고 미국인들은 리파이낸싱을 통해 일해서 번 것보다 더 많은 부와 현금을 가진다.
- 이로 인해 미국인들은 과소비가 가능하고 과소비는 수출국가를 끌어들인다. 이 덕분에 또다시 금리 하락과 주택 가격 상승을 촉발한다.
- 미국 정부의 방만한 운영(재정 적자)을 가능하게 하고 시장에 돈이 풀리니 자산 가격을 상승시킨다.
- 자산 가격이 이렇게 오르는데도 물가는 해외 상품의 유입으로 상승하지 않는다. 물가가 오르지 않으니 중앙은행은 금리를 내버려둔다.

미국 재테크 책은 이런 상황에서 돈을 번 사람들의 이야기다. 그들의 이야기에 열광하고 환호하며 따라 하다 망한 사람들이 많은 이유다. 그들과 우리는 시스템이 좀 다르다. 이걸 깨달아야 한다.

반대로 미국이 아닌 다른 국가는 어떤 일이 벌어질까? 먼저 환율이 강해지면 다음 순서대로 경제 상황이 나타난다.

- 달러가 흔해지고 자국 화폐는 시장에 부족하다.

- 달러를 어떻게 하든 내보내지 않으면 달러 환율이 높아진다. 한국의 경우 2000년대 중반 호황기 시절 조선업체와 반도체, 자동차 등이 돈을 막 벌어 달러가 들어오니 당시 원화 환율이 900원까지 갔다.
- 자연스럽게 수출에 악영향이 생긴다.

수출한 돈이 국내로 들어와 통화량이 늘어나면 다음과 같은 일이 벌어진다.

- 통화량이 늘어나니 경기가 좋아지고 물가가 오른다.
- 이와 더불어 자산 가격이 오른다.
- 자산 가격은 통화쪽에서는 완화적 통화정책이나 통화 유동성의 증가에 의한 가격 상승이다.
- 국내에 자금이 많아지니 금리가 내려간다. 이러니 자산 가격 상승을 자극한다.

그렇다면 미국과 세계가 불균형이 생기면 어떤 일이 벌어질까?

- 미국은 계속 적자를 낸다.
- 수출국은 미국에 계속 물건을 판다.
- 수출국이 계속 팔고 싶으면 번 돈으로 미국에 빌려줘야 한다.
- 미국에 안 빌려주면 국내 물가와 자산 가격을 자극한다.

- 어쩔 수 없이 경제 안정을 위해 미국에 빌려준다.
- 빌린 돈으로 미국은 주택 가격과 자산 가격이 올라간다. 미국 사람들은 부자가 되고 그 돈으로 과소비를 하며 적자를 낸다.
- 수출하고 싶으면 미국에 돈을 빌려줘야 한다. 안 빌려주면 수출도 안 되고 잘못하면 국내 부동산 가격이 폭등한다.
- 이리저리 막아도 일부 자금은 국내로 들어온다. 그 돈이 해당 국가에서 가장 돈이 될 만한 곳을 찾아가 가격 상승을 주도한다.

시장이 수요와 공급으로 움직인다면 달러의 순환은 미국의 자산 가격 상승과 다른 국가의 자산 가격 상승을 순차적으로 이끈다. 세계화가 진전되면 진전될수록 자산 가격의 동조화는 점점 더 심해진다. 처음에는 금융만 그랬다. 이제는 금리가 쫓아간다. 그 후에 주식과 부동산이 전 세계적으로 동조화되었다. 미국은 최강이다. 미국 경제를 알아야 한다. 당신의 자산을 지키고 유지하고 불리고 싶다면.

5장

한국 부동산의
가격 변화

한국은 언제부터
글로벌 동조화되었나

◈ **한국 부동산의 5가지 특성**

부동산시장은 방향성과 제도, 국민들이 생각하는 바에 따라 나라마다 다르게 발전하는 측면이 있다. 한국만의 고유한 특징이라고 하기는 힘들겠지만 한국 부동산이 다른 나라와 달리 어떤 특성을 지녔는지 5가지로 나눠 살펴보자.

부동산은 움직이지 않는다

부동산은 움직이지 않는다는 특성으로 인해 국가가 얼마든지 통제하고 관리할 수 있다. 정부가 부동산 보유자를 통제하는 가장 강력한 수단은 세금이며, 부동산 보유자는 이를 피하는 기술을 계속 발전시킨다. 부동산의 공급은 제한적일 수밖에 없으며, 갈수록 줄어들고 있다. 건축 가능한 토지 또한 점점 줄어든다. 그러나 토지의 주인은 사실상 국가이므로 상황에 따라 정부에서 토지를 만들어내기도 한다.

하방경직성이 크다

수요공급의 원칙에 따라 본래 내려야 할 가격이 내리지 않는 것을 하방경직성이라고 한다. 주식시장은 상승할 때와 하락할 때 변동폭이 크지만 부동산시장은 가격이 떨어지면 거래가 정지되어버린다. 거래가 없으면 일단 가격 하락이 멈춘다. 한마디로 가격이 하락하면 거래가 중지되어 가격이 더 이상 떨어지지 않는다. 그나마 부동산경매시장에서 강제로 가격 균형이 이뤄진다. 경매시장에서 형성된 가격이 시장에 조금씩 전파된다.

부동산은 정부 것

사람들은 등기권리증이 나오면 부동산이 내 것이라고 착각하지만 정부는 얼마든지 당신의 부동산 수익률을 좌지우지할 수 있다. 또한 당신의 부동산은 은행의 것일 때도 있다. 이자를 안 내보면 바로 알게 된다. 부동산 관련 세율이 1%만 올라도 정부가 얼마나 대단한지 체감하게 될 것이다. 세금은 피할래야 피할 방법이 없다. 정부는 항상 내 모든 걸 알고 세금을 추징한다. 피했다고 생각했는데 갑자기 국세청에서 고지서를 보내오는 경우가 허다하다. 10년 전의 내 부동산 자료를 다 들여다보고 연락을 하기도 한다.

한국 재산세는 낮은 편이다

어쩌면 앞으로 우리는 재산세가 해마다 5%씩 증가하는 체험을 하게 될지도 모른다. 구축 주택은 점차적으로 상승하겠지만 신축 주택은 거래 가격에 맞춰 한 방에 법정 최고치까지 상승할 수 있다. 여기서 말하는 신축 주택은 아파트라고 보면 된다. 지금까지 양도소득세가 우리를 주저하게 만들고 피곤하게 만들었다면 이제부터 재산세가 우리를 압박하게 될 것이다. 부동산 부자가 되려는 사람들에게는 피를 말리는 일이 될 듯하다.

한국 부동산으로 부자가 되는 법

예전에는 알아서 정보 먼저 선점하고 부동산을 팔면 되었다. 세금 체계도 불완전했고 정부도 깜깜이였다. 아무거나 주우면 돈이 되었다. 이제는 세상이 달라졌다. 부동산시장에서 부자가 되는 법은 이렇다. '정부에서 하지 말라는 걸 합법적으로 하는 방법을 찾아내라.' 거기에 돈이 있다. 깨달은 자에게 복 있으리.

한국 부동산의 이러한 특성에도 불구하고 한국 부동산시장도 글로벌 동조화에서 자유롭지 못했다. 이건 피할 수 없는 숙명이다.

◆ 세계화 그리고 동조화

한국이 세계화에 동참하고 세계 무대에 진입하기 시작한 1985년에서 1990년까지 주택 가격이 급격히 상승했다. 주택 가격의 급상승으로 정권에 대한 불만이 심각한 수준에 이르자 당시 대선 후보였던 노태우 전 대통령이 주택 200만 호 건설을 공약으로 내걸게 된 것이다. 1985년에서 1990년 사이에는 한국뿐 아니라 일본에서도 주택 가격이 엄청나게 상승했고, 전 세계 대다수 나라에서 주택 가격이 상승했다.

1990년에서 1995년 신도시 건설 등으로 주택이 대량 공급되어 주택 가격이 안정화되었다. 당시 공급된 주택 총량이 전체 주택의 30%에 해당할 정도니 정말 어마무시한 양의 주택이 시장에 공급된 것이다. 그 후로는 2016년 전후로 그만큼의 주택이 공급되었다. 두 시기 모두 공급량이 늘어난 것만으로 가격이 안정되었을까? 1990년에서 1995년에 주택가격이 안정된 것은 한국에서만의 일은 아니다. 엄청난 공급으로 가격이 안정된 것이 아닐 수 있다. 한국이 그렇다면 미국, 일본, 유럽도 전부 엄청난 공급으로 가격이 안정되었을 것이다. 이상하고 공교롭게도 이런 우연이 신기하게도 전 세계에서 동시에 일어났다.

그 이후 한국은 IMF 외환위기를 맞는다. 외환위기로 잠시 주춤하며 엄청나게 폭락했던 주택 가격은 2000년대 들어 소비자금융이 발전하며 외환위기 전 가격 이상으로 상승한다. 은행이 산업체 대신에 소비자에게 경쟁적으로 돈을 뿌리자 시중에 유동성이 엄청나게 늘어난다. 한국은 대호황에 진입한다. 한국뿐 아니라 다른 국가들도 부동산 버블 상황에 돌입하며 돈을 빌려 집과 물건을 샀다. 덕분에 중국은 대규모 수출을 했고 한국도 마찬가지로 엄청나게 수출했다.

당시 현대중공업의 1년 수주량이 300척 정도였다. 배 한 척의 가격은 대략 1000억 원이다. 현대중공업 외 삼성중공업, 대우중공업, STX조선해양까지 세 회사의 수주량을 합쳐도 300척 정도였다. 이렇게 네 회사가 배를 팔아 돈을 받으면 엄청난 유동성이 시장에 공급된다. 이 시기에는 조선업뿐 아니라 다른 산업들도 아주 잘 나갔다.

여기에 금융자율화로 외부 자금이 들어오기 시작한다. 채권을 구입하는 외국인 자금도 유입되고 거기에 매출도 이익도 늘어나는 국내 기업을 매수하려는 외국인들의 대규모 자금이 증권시장에 유입된다. 돈이 계속 들어와 부동산시장으로 간다. 물이 흐르는 방향대로 가듯 시장에 넘치는 그 돈들이 어딘가로 가야 했던 것이다. 2000년대 초반부터 돈이 마구 유입되며 한국에 돈이 넘친다. 이렇게 들어온 외부 자금이 바로 비핵심대출이다. 지금까지 강조해왔듯 비핵심대출은 위험하고 무서운 것이다. 정부에서도 LTV, DTI 등 거시건전성 정책을 동원해 글로벌 유동성을 막기 위한 노력을 기울였다. 그러나 앞에서도 말했듯이 글로벌 유동성을 막기는 힘들었다. 아니 막을 수 없었다는 게 정확한 표현이다. 수출 중심으로 경제가 돌아가는 국가에서 글로벌 유동성을 막는다는 것은 무리다. 그렇게 한국 부동산 가격이 상승하게 된다.

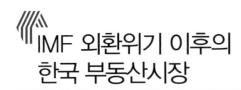

IMF 외환위기 이후의
한국 부동산시장

◈ **경기순응성의 조절**

"우리 은행은 힘든 사람들의 친구가 되어야 합니다. 좋은 시절에 는 돈을 빌려주고 어려운 시절에는 외면하는 친구가 아니라, 좋은 시절에 덜 빌려주더라도 어려운 시절에 어려움을 이겨낼 수 있도록 버팀목이 되어야 합니다."

어느 은행가가 말하는 은행의 역할이다. 이 말에서 동의할 수 있는 부분은 '좋은 시절에 돈을 빌려준다'는 것뿐이다. 위의 은행가는 고객이 어려운 시절에 외면하지 않았는지 몰라도 우리가 아는 대부분의 은행은 어려운 시절에 돈을 빌려주지 않는다.

금융기관이 경기와 같은 방향으로 움직이는 현상을 경기순응성이라고 한다. 금융기관은 경기가 좋으면 돈을 많이 빌려줘서 경기를 과열시키고, 경기가 안 좋아지면 대출을 회수해서 경기를 더욱 어렵게 만든다. 그러다 보니 언제나 경기 진폭은 커지고 국민은 매우 힘들어진다. 좋은 시절에는 더 좋고, 어려운 시절에는 여기저기서 곡소리가 난다.

과거에는 이런 현상을 운명으로 받아들였다. 사회가 발전하고 제도가 발달하며 시스템이 고도화되어 금융의 경기순응성을 조절하기 위해 많은 노력을 했다. 그러나 노력을 해도 여전히 잘 조절되지 않았다. 최근에는 서브프라임 모기지 사태로 크게 당했다. 그 이후 금융의 경기순응성을 줄이기 위한 규제책으로 바젤3를 만들었다. '경기대응완충자본', '예대율 규제', '외환 규제' 등 말이다. 이런다고 경기의 진폭이 줄어들지는 아직까지 확실하지 않다. 이건 시간이 지나봐야 알 수 있다.

바젤3를 좀 더 쉽게 설명해보겠다. 라면을 먹기 위해 물을 끓인다. 가스레인지 위에 냄비를 올리고 불을 붙인다. 물이 점점 끓고 넘칠 정도가 되었다. 냄비에 물이 넘치게 내버려두면 잘못하면 불이 날 수 있다. 혹시나 창문이 열려 있어 바람이 불어 불이 더 크게 번지기라도 하면 집이 홀라당 다 타버릴 수도 있다.

불이 나는 것을 막으려면 냄비에 물이 넘치지 않게 해야 한다(LTV, DTI 등으로 유동성을 규제한다). 가스레인지 불꽃 세기를 조절한다(경기대응 완충자본을 추가로 준비한다). 창문으로 바람이 들어오지 않도록 한다(외화 유출입을 규제한다). 혹시 불이 나더라도 번지지 않도록 주변에 타는 물건을 두지 않는다[주요 금융기관(G-SIB)에 완충자본을 준비한다]. 요리 과정에 문제가 생기지 않도록 누군가 지켜본다(거액의 익스포저를 규제하여 동일인이나 동일차주의 신용공여 한도를 정한다).

바젤3은 이런 식으로 금융이 실물경제를 집어삼키지 못하도록 사전에 규제하는 장치다. 이렇게 온갖 규제를 해놓으면 인간은 우회로를 찾게 되어 있다. 인간은 지금까지의 각종 금융규제를 뚫고 돈을 벌었다. 현재까지 바젤3는 온갖 규제의 최종판이다.

◈ 한국의 금융가속기

한국은 엄청나게 빠른 속도로 경제성장을 이룬 국가다. 이에 따라 한국 산업은 경기에 따라 널뛰기하듯 흔들렸다. 정부 입장에서는 이걸 좀 해결하고 싶었다. IMF외환위기를 경험한 이후로는 경기가 나쁘면 완화하고 너무 뜨거우면 좀 진정시키는 쪽으로 경기 컨트롤을 시도했다. 경기가 좋으면 건설 산업을 때려잡는다. 건설업을 잡는다는 것은 부동산 가격을 조정하기 위한 것이라고 보면 된다. 경기가 나빠지면 건설업을 지원해 경기가 원활해지고 부동산 경기가 좋아지도록 했다.

한국은 IMF 외환위기 이후 완전히 다른 국가가 되어 경기를 아주 잘 조절하게 된다. 물론 외부 충격까지 확실히 흡수하기에는 무리였지만 말이다. 2013년에서 2016년까지 한국은 경제적으로 어려운 시기였다. 이때 정부는 부동산과 건설업으로 경기를 살리기 위해 노력했다. 이는 IMF 외환위기 이후 정부에서 가장 많이 꺼내드는 경기부양책이다. 그러다 경기가 좋아지고 부동산시장이 과열되면 부동산 규제를 강화한다.

설마 정부가 부동산이 증오스러워 정책으로 규제를 강화하고 부동산이 너무 사랑스러워 온갖 규제를 다 풀까? 정책을 결정하고 펼치는 사람들은 공무원이다. 이들은 모든 국민이 다 잘 먹고 잘 살기를 바란다. 그저 경기 진폭을 좀 줄여 국민들이 조금이라도 덜 고생하길 바랄 뿐이다. 오해하지 말아야 한다.

한국을 이해하기에 앞서 다시 미국을 살펴보자. 금융시장의 작은 변화가 실물경제에 큰 변화를 일으킬 수 있다는 금융가속기 이론은 서브프라임 당시 FRB 의장이었던 버냉키가 대공황에 대한 연구보고서에서 처음 언급했다. 버냉키에 따르면 미국 대공황은 다음 악순환이 반복된 것이다.

외부 충격 → 경제 악화 → 소형 금융기관의 대차대조표 악화 및 도산 → 대출 감소 → 자산 가격 하락 및 경제 악화 → 대형 금융기관의 대차대조표 악화 및 도산

대공황의 본질을 파악한 버냉키는 금융가속기의 작동을 멈추려면 양적완화 정책을 펼쳐야 한다는 결론을 내렸다. 금융기관의 도산을 막고 대출감소를 위해 할 수 있는 모든 것을 해야 한다는 입장이었다. 이 순환은 미국 대공황 때 일어난 일을 정리한 것이고, 다른 국가들의 경우에는 외부 충격에 대한 반응이 다르게 나타날 수 있다.

외부 충격 → 자산 가격 상승 → 금융기관의 대차대조표 강화 → 대출 증가 → 자산 가격 상승 → 자산의 담보 여력 상승 → 금융기관의 대차대조표 강화 → 대출 증가 → 자산 가격 상승 → 자산의 담보 여력 상승 → 금융기관의 대차대조표 강화

똑같이 외부 충격으로 인한 과정이지만 완전히 반대 방향으로 순환된다. 금융가속기 이론은 일본·미국·스페인·독일 등 대부분의 국가에서 동일하게 적용된다. 계속해서 반복적으로 말이다. 그렇다면 한국은 어떤 식으로 진행되었는지 살펴보자.

외부 충격 → 전세 가격 상승 → 주택 가격 상승 → 은행의 대출 여력 증가 → 대출 증가 → 전세 가격 상승 → 주택 가격 상승 → 은행의 대출 여력 증가 → 대출 증가

좀 더 쉽게 풀면 다음과 같다.

외부 충격 → 주택 가격 1억/전세보증금 5000만 원 → 주택 가격 1억 2000만 원/전세보증금 5000만 원→ 갭투자자 진입 → 주택 가격 1억 2000만 원/전세보증금 9000만 원→ 주택 가격이 너무 저렴해 보이니 상승 → 주택 가격 1억 5000만 원/전세보증금 9000만 원→ 갭투자자 추가 진입 → 주택 가격 1억 5000만 원/전세보증금 1억 2000만 원→ 주택 가격이 저렴해 보이니 다시 가격 상승

이런 상황이 무한 반복된다. 한국의 경우에는 전세보증금이 금융기관 대출금의 자리를 대신한 것이다. 전세보증금이 임차인의 자금일 수도 있지만 대출을 받은 자금일 가능성이 농후하니 금융가속기가 계속해서 진행된다. 이 같은 금융가속기가 본격적으로 가동된 것은 IMF 외환위기 이후 2000년부터 소비자금융의 확산으로 주택담보대출이 시작된 덕분이다.

시장에 비핵심대출이 들어오고 수출 자금이 쏟아지며 금융가속기가 잘 돌아갔다. 노무현 정부는 금융가속기가 작동하는 걸 막으려고 노력했다. 이 부분은 뒤에서 다시 얘기하겠다. 그러나 다음 정부에서 다시 금융가속기를 돌리기 시작했다. 금융위기 이후 전 세계 경제가 어려워지며 한국도 힘든 상황이 되자 이를 타개해야 했던 것이다. 글로벌 동조화를 움직이는 비핵심대출과 이에 따른 글로벌 유동성이 퍼진다. 이는 유로커런시시장에서 달러 환류 등으로 전 세계를 돌아다니며 곳곳에 침입한다. 해당 국가는 호황을 맞이하는 핵심엔진을

얻는다. 그냥 부동산이 아니다. 왜 멀쩡한 부동산 가격이 갑자기 오르고, 전혀 상관없어 보이는 외부 충격에 한국 부동산 가격이 떨어지는지 알려준다.

한국 정부의
부동산 가격 조절력

◈ **한국 부동산은 어떻게 버블을 피했나**

　부동산 분야에서의 업적만 놓고 볼 때 역대 한국 대통령 중 노태우 전 대통령이 가장 뛰어났다. 가격상승 관점이 아닌 시장안정 관점에서 보자면 단기간에 전국적으로 200만 호 주택을 건설한 것은 실로 엄청난 정책이었다. 국내 전체 주택의 30%에 해당하는 물량을 공급함으로써 한국 부동산 시장은 버블이 생길 여지가 없었고, 덕분에 풍요로운 1990년대를 맞이할 수 있었다.

　앞에서도 언급했듯이 일본 부동산 버블은 개인이 아닌 기업 때문에 벌어진 것이다. 기업이 대출 받은 돈으로 땅 투기를 했고 토지 가격이 상승했다. 한국 기업들도 예전에는 국가로부터 보증을 받아 빌린 돈으로 토지를 사고 공장을 짓고 시간이 지나면 토지 가격이 상승해 많은 돈을 벌었다. 대기업은 특히나 이런 방식으로 돈을 벌고 번 돈으로 기술을 축적해 현재 세계적인 기업이 되었다. 대표적인 기업으로 롯데를 들 수 있는데 롯데는 롯데월드 제2부지, 강남역 주변의 롯데칠성 부지 등을 사들여 어마어마한 이득을 봤다.

그러나 한국에서는 노태우 전 대통령이 적절한 시점에 기업들의 땅 투기를 막아 일본과 같은 버블은 발생하지 않았다. 직선제가 실시된 후 첫 대통령이었지만 신군부 출신의 권위적인 정부였던 덕(?)에 기업들이 보유하고 있던 비업무용 토지를 강제로 매각하게 했다. 후에 헌법불합치 판정을 받긴 했지만 말이다. 이때 기업들의 부동산 투기를 막았기 때문에 IMF 외환위기 때 그나마 기업들의 충격이 그나마 줄어든 것이다. 그러지 않았더라면 기업들이 유동성 문제로 더 큰 고통을 겪거나 도산하는 기업들이 더 많이 나왔을 것이다. 지금에 와서 돌아보면 대기업 입장에서도 고마워해야 할 대통령이다.

IMF 외환위기 이후 취임한 김대중 전 대통령은 위기를 극복하기 위해 엄청나게 노력했다. 외환위기 이후 가장 큰 변화는 개인 대출이 쉬워졌다는 것이다. 다른 나라와 달리 우리나라에서 전세시장이 발달한 것은 은행에서 대출을 받기 힘들었기 때문이다. 전세가 사금융 역할을 한 것이다. 은행들이 경쟁적으로 주택담보대출을 해주면서 금융을 통한 돈이 본격적으로 시장에 풀렸다.

2000년에서 2006년 한국 주택 가격의 상승 랠리가 펼쳐진 가장 큰 이유는 바로 소비자금융으로 시장에 돈이 풀렸기 때문이다. 한국은 2000년 이후에 시작되었지만 사실 전 세계적으로는 1995년에서 2008년까지 부동산 동조화 현상이 진행되었다. 미국에서 뿜어져 나온 유동성이 국가를 따지지 않고 퍼졌다. 한국에 대미 무역흑자와 외국인의 직접투자로 달러가 쏟아져 들어온 것처럼 말이다.

달러가 쏟아져 들어오면서 금융가속기가 작동하기 시작한다. 주택 가격과 토지 가격이 상승하면 담보 능력이 향상된다. 덕분에 금융기관의 대차대조표는 더 안정적으로 변한다. 또다시 대출 여력이 늘어난다. 대출받은 부동산 가격이 오른다. 은행은 더 많은 대출을 해줄 수 있게 된다…. 이 과정이 반복되며 금융가속기가 멈추지 않고 돌아간다.

노무현 정부 때 펼친 부동산 정책은 누가 뭐라 해도 가장 현명하고 과감하며 효과적이었다. 청와대 수석실에 보고서가 들어갔다. '미국에 대규모 부동산 버블이 발생했다. 이게 언제 터질지 모르고 알 수도 없으나 우리에게 엄청 부정적인 영향을 미칠 거다. 우리는 이에 대응해야 한다.' 이후에 한국은행, 한국개발연구원, 기타 여러 기관이 미국 부동산시장에 관한 연구를 시작한다.

연구 결과 거시건전성 정책(macro-prudential policy)을 강화한다. 거시건전성 정책은 금융 안정성을 지키기 위해 금융시스템에서 문제가 될 만한 것을 억제하는 정책이다. LTV, DTI 같은 규제 정책이 그 실행 방안이었다. '다른 나라에서는 LTV 100%가 가능하니까 가난한 사람도 집을 살 수 있는 거야. 한국은 국민을 어떻게 보기에 집을 못 사게 하나. 그것도 부족해서 DTI로 이중 규제를 하니 어떡하라는 거야?' 하며 정부를 욕하는 여론이 들끓었다.

서브프라임 모기지 사태 이후 각국의 수많은 연구자들이 한국의 거시건전성 정책의 일환이었던 LTV, DTI는 아주 성공적이었고 가장 전위적이며 실험적인 정책이었다는 결론을 내린다. 다른 국가는 부동산 가격이 동조화되며 유동성이 물밀듯이 흘러들어왔다. 금융가속기가 미친 듯이 작동해 부동산 가격이 무한정 올라가고 있는 국가들이 많았다. 이때 우리 정부는 엄청난 유동성을 막아내기 위해 LTV와 DTI라는 규제정책으로 금융가속기의 작동을 멈추려고 했다.

그러나 이것만으로는 모든 것을 막을 수 없었다. 유동성이 계속해서 한국으로 밀려들어왔다. 조선소의 선수금이 들어오고, 현대자동차의 수출 대금이 들어온다. 전 세계적인 호황으로 여러 수출 기업에 달러가 들어온다. 거기에 외국인의 투자자금이 들어오고 여러 방면으로 달러가 유입되는데 막을 방법이 없었다. 결국에는 대출총량규제, 일명 가계대출총량제를 실시하기에 이르렀다. 한국 정부는 할 수 있는 모든 것을 다했다. 시장주의자들은 지금도 그렇듯이 당시에도 시장에 맡겨야 한다고 했다. 누가 더 큰 그림을 본 것일까?

전 세계 대다수 나라가 유동성에 따른 파국을 맞았지만 한국은 강력한 규제 덕분에 그나마 선전한 편이었다. 비핵심대출이 엄청나게 쏟아졌지만 주택 가격이 적당선에서 상승세를 멈췄다. 불행한 사실이지만 하우스푸어의 행렬도 적당선에서 멈췄다. 정책은 모든 사람에게 박수를 받을 수는 없다. 더구나 정책은 시장에 즉각적인 파급효과를 미치지 않는다. 상당한 시간이 지나서 효과가 나타났다. 한국의 주택 가격이 다른 나라에 비해 상대적으로 덜 하락한 이유다. 당시 전 세계 주택 가격 상승률과 하락률을 한국과 비교해본다면 한국이 얼마나 대처를 잘했는지 알게 된다.

노무현 정부의 부동산 정책을 욕하던 사람들이 걱정한 것은 한국이 일본처럼 되는 것 아니었을까? 한국 정부는 욕을 먹으면서도 엄청난 해일이 밀려오는 것에 대비해 규제정책으로 일본처럼 되는 것을 막았다. 해일을 전부 막아내지는 못했지만 피해를 최소화했다. 그러지 않았더라면 한국도 부채를 통한 가격 상승으로 일본처럼 10배 정도 부동산 가격이 올랐을 것이다.

청와대 김수현 사회수석은 노무현 정부에서 부동산 정책을 설계했던 당사자로 당시 글로벌 유동성을 막지 못한 것을 복기하며 문재인 정부에서의 부동산 정책에 대해 자신감을 보이고 있다. 노무현 정부 당시 정책 담당자가 다시 돌아왔으니 어떤 일이 펼쳐지게 될까? 적어도 그 당시 효과적이었던 전략을 그대로 펼치는 것은 당연하지 않겠는가?

◆ 금융가속기를 작동해 유동성을 공급하다

노무현 정부 때 부동산 가격이 상승했다면 이명박 정부 때는 금융위기의 여파로 부동산 가격이 하락한 글로벌 동조화에 맞춰 한국의 부동산 가격도 하락했다. 확실히 한국은 글로벌한 국가가 되었다고 할까. 미국과 전 세계가 모두 어려움을 겪는다. 2010년 한국에서 열린 G20정상회의에서 새로운 은행 건전성 기준인 바젤3에 조인하며 부동산 가격 상승에 대못을 박는다. 이명박 정부는 딱히 이렇다 할 것 없이 지나갔다.

박근혜 정부가 들어서며 본격적인 부동산 부양책이 펼쳐진다. 양도소득세를 면제하고 금융가속기를 본격적으로 가동했다. 금융가속기는 이명박 정부 때부터 조금씩 작동하기 시작했다. 당시에 고장 난 저축은행 금융가속기는 버려버린다. 은행은 건설사에 많은 대출을 해줬는데 당시에 미분양 물량이 엄청 많았다. 사대강 공사를 하며 건설사를 살리기 위해 노력했다. 만약 건설사에 묶인 자금이 회수되지 않았다면 은행 몇 개가 망하며 제2의 외환위기가 닥쳤을지도 모를 일이다.

금융가속기를 다시 열심히 돌리기 위해 기름 넣고 점화장치를 발화시킨다. 거기에 유동성을 공급하려 토지 공급도 조절한다. 무엇보다 토지 공급을 제한한다고 발표하며 시장에 선포한다. 정부가 소형주택 공급도 중단한다. LH의 부실 부채를 과감히 잘라버린다. 재건축과 재개발을 다시 진흥하기 위한 준비를 한다. 그것도 선거철에 맞춰 발표한다. 판을 깔았으니 수요가 꿈틀하도록 양적완화를 시작한다. 정부 보증으로 대규모 자금을 풀어버린다. 이를테면 다음과 같다.

- 당신 생애 최초 주택 구입자야? 그러면 정부가 보증해줄 테니 돈 빌려.
- 넌 신혼부부야? 까짓거 돈도 없는데 정부 보증으로 돈 빌려.
- 넌 전세 사는구나. 많이 힘들겠다. 전세보증금 국가에서 아주 저렴하게 빌려줄게.
- 넌 또 왜 이리 고금리야! 정부가 보증 설 테니 저금리로 빌려.

다른 곳도 아닌 정부가 이토록 열심히 돈을 빌려준다고 하니 가만히 있으면 안 된다. 금융기관이 하던 걸 민간도 하겠다고 나선다. 전세 끼고 가격 하락한 주택을 마구 인수한다. 심지어 이명박 정부 때는 경상도에서 대규모 미분양 난 아파트를 펀드를 조성해서 매입했다. 이 얼마나 아름다운 일인가. 정부 입장에서는 너무 고맙다. 정부가 적극적으로 시장에 시그널을 보내자 발 빠른 사람들이 호응한다. 전세 끼고 주택 구입하고 대출 받아 집을 산다. 정부에서는 경기 진작을 위해 그러라고 마구 독려한다. 이 자금은 각 지역 금융기관을 통해 금융 가속기가 돌아간다.

지방과 달리 서울, 수도권은 기존 부채도 많았기 때문에 다시 금융가속기를 돌리려면 엄청난 유동성이 필요했다. 이러니 지역도 작고

금융가속기가 작아도 되는 지방부터 돌았던 것이다. 전세가 주택 가격을 밀어올리고, 오른 주택 가격은 또 다시 전세를 상승시킨다. 은행에서 할 역할을 갭투자자들이 해낸다. 정부 입장에서는 쾌재다. 정부가 해야 할 일을 개인이 나서서 적극적으로 해준다. 정부 예산도 필요 없이 개인이 알아서 시장에 유동성을 공급한다. 여전히 서울, 수도권에서는 금융가속기의 작동이 버거웠다. 더 강력한 게 필요했다.

여기에 박근혜 정부 시절 갈수록 안 좋은 사건들만 연이어 터지며 경기는 더욱 얼어붙는다. 정부는 더 이상 서울과 수도권을 방치할 수 없었다. 이제 본격적으로 모든 걸 풀어버린다. LTV, DTI 규제를 완화한다. 이 정도로는 움직임이 없자 '안심전환대출'을 실시한다. 이 상품은 서울, 수도권 중산층을 위한 대출로 기존 주택담보대출보다 저리에 조건이 좋아 일시적으로 돈이 몰렸다. 경기가 좋지 않으니 내수 진작을 위한 고육책이었다.

드디어 서울과 수도권의 물꼬가 터졌다. 여전히 서울은 다소 부담되니 수도권으로 전국의 부동산 투자자들이 몰려든다. 관광버스 타고 단체로 몰려온다. 진두지휘를 하는 사람까지 생긴다. 비공개밴드, 비공개카페 같은 곳에서 정보를 공유하고 주말이면 묻지도 따지지도 않고 아파트를 매수한다. 내부를 볼 틈도, 그럴 필요도 없다. 어차피 아파트는 공산품인데 뭘 보고 따지겠는가. 그냥 사면 된다. 꼼꼼히 따질 필요 없이 현장에 도착하면 그냥 산다.

시장이 꿈틀거리자 이제 정부는 공인중개사의 매매업과 직접 거래를 허용하는 공인중개사법 개정을 추진했다. 공인중개사는 법적으로 의뢰인과 직접 거래하면 안 된다. 공인중개사는 급매로 나온 주택을 살 수 없었으나 이 규제를 풀어버리고 본격적으로 금융가속기가 작동할 수 있는 모든 방법을 총동원한다.

◆ 정부 규제에도 멈추지 않는 금융가속기

2017년 문재인 정부는 출범 후 부동산시장을 안정화하기 위해 규제 정책을 내놓는다. 정부는 이렇게 판단했던 듯하다. '이 정도면 유동성이 줄어드니 금융가속기가 멈추겠구나. 우리가 집권했으니 금융가속기를 멈춰 주택가격을 안정화시켜야지.' 분명히 지방의 금융가속기는 멈췄다. 그러나 정부가 시행이 유예되었던 재건축 초과이익 환수제를 부활하겠다고 발표하자 이때부터 서울과 수도권의 금융가속기가 본격적으로 돌기 시작했다. 규제를 피하기 위해 많은 단지들이 재건축, 재개발 사업에 속도를 냈기 때문이다.

이러니 다들 정부를 욕한다. '에이. 노무현 정부 시즌2네.' '무시해도 되겠네.' '처음 겪는 일도 아니고…. 우리도 이제 다 알아.' 이런 생각으로 다들 GO를 외치고 있다. 잘못된 생각이라고 하기는 어렵다. 지금까지 우리가 이야기한 금융가속기, 비핵심대출의 역사를 돌아보면 이게 멈출 때가 온다. 그때부터 여러 가지가 전부 힘을 발휘한다. 규제 정책은 더욱더 힘을 발휘한다. 현재 서울과 수도권의 금융가속기는 힘차게 돌아가고 있다. 사람들은 '여긴 학군이 좋아', '여긴 교통이 좋아', '여긴 한강이 보여', '여긴 강남이야' 이런 이야기를 한다. 그렇다면 예전에는 왜 가격이 하락했겠나. 그 아파트들은 당시에도 다 그 자리에 있었다. 변한 것은 없다.

현재 금융가속기는 서울과 수도권에서 열심히 돌고 있다. 더 힘차게 돌지 이제 멈출지는 아직 확실하지 않다. 분명한 사실은 금융가속기가 도는 것은 전 세계적인 동조화의 영향이다. 이건 단순히 한 국가가 해결할 수 있는 일이 아니다. 국가 경제를 죽이려 하지 않는다면 말이다. 전 세계가 거대한 체인으로 전부 연결되어 있다. 수출을 막을 수 있겠는가. 외국인 투자를 막을 수 있겠는가. 최근 정부에서 주택담보대출을 규제하고 있지만 개인은 여기저기서 다양한 방법으로 대출을 받고 있다.

인터넷은행 카카오뱅크는 엄청난 신용대출을 해주고 있다. 대학생도 해준다. 직업만 확실하면 사원증만으로도 즉시 대출을 해준다. 은행에서 전세자금 대출을 받을 수도 있다. 정부에서 저리로 막 해준다. 전세보증금의 80~90%까지 받는다. 집주인과 짜고 전세금을 높여 최대한도까지 대출을 받기도 한다. 아예 친구끼리 서로의 집에 거주하며 전세를 놓으면 그만큼 저리 대출을 이용할 수 있다는 이야기도 시중에 돌고 있다. 비트코인으로 돈 번 사람들이 돈을 찾아 강남 아파트를 매수했다는 이야기도 있다. 200만 원을 넣어 2억으로 불렸다는데 확실히 한국은행에서 공급한 돈은 아닐 것이다. 여기에 대기업 회사원이나 공무원이라면 은행에서 최대 1억에서 1억 5000만 원까지 마이너스 대출을 받을 수 있다. 그것도 연이율 3% 초반으로 말이다. 과거에 이 정도 대출한도나 이율은 변호사나 의사 같은 전문직 종사자만 가능했다. 이뿐만 아니라 P2P로도 돈이 돌고 있다. 개인 돈을 모아 주택으로 들어오고 있다. 조 단위로 대출이 진행된다는 이야기도 있다. 개인들이 큰돈도 아닌 적은 돈을 십시일반 모아 집행되고 있다.

이렇게 수많은 돈이 금융 우회로를 통해 시장에 쏟아지고 있다. 단순히 눈에 보이는 주택담보대출만 중요하지 않다. 우리가 깨닫지 못하는 수많은 방법으로 돈이 시장에 공급되고 있다. 언제 멈출지는 누구도 모른다. 유동성은 계속 공급되고 있다. 어느 날 갑자기 뚝 하고 멈출 수도 있지만 지금도 금융가속기는 열심히 돌아가고 있다는 사실만은 확실하다.

이제 좀 보이는가? 판이 어떻게 돌아가고 있는지 말이다.

저금리와
자산 가격

◆ 금리는 어떻게 움직이는가

주택 가격을 상승시키는 요소는 무척이나 다양하다. 첫 번째로 꼽는 요인은 주택 공급이다. 해당 지역에 아파트가 얼마나 공급되느냐가 주택 가격 상승을 촉발한다고 보는 것이다. 이에 대해서는 필자의 전작인 《부동산의 보이지 않는 진실》에서 데이터와 통계를 들어 입증해 보인 바 있다.

주택 공급은 민간과 공공 부문에서 약간 다르다. 공공주택 공급은 복지의 측면이므로 꾸준히 공급해야 하지만 2010년대 들어서 공급량이 줄어들었다. 이에 반해 민간주택의 공급량은 부동산 경기의 영향을 많이 받는다. 민간주택의 공급량은 경기가 좋으면 늘어나고 반대의 경우에는 줄어든다. 역대 민간주택 공급량 데이터를 살펴보면 2004년과 2008년, 2013년에 공급량이 줄었다. 부동산 경기가 꺼진 후이거나 금융위기 이후 민간 건설사들이 살아남기 바빠 공급을 늘릴 여력이 없었던 때이다.

2017년과 2018년은 지역별로 약간의 차등은 있겠지만 전국적으로 공급 물량이 쏟아지고 있다. 새 정부가 들어서며 그동안 줄여왔던 공공아파트 공급 물량을 다시 늘리겠다고 한다. 그 자체로는 좋다. 시장에 많은 사람들이 안정적으로 거주할 수 있는 주택이 늘어난다는 사실은 좋은 일이다. 청년, 신혼부부, 고령자, 저소득층을 위해 향후 100만 호를 건설하겠다고 하니 지켜볼 일이다.

주택 가격은 공급만 중요한 것이 아니다. 주택을 사기 위해서는 돈이 필요하다. 오늘날 자기자본만으로 주택을 구입하는 사람은 많지 않다. 얼마나 대출을 받을 수 있느냐가 관건이다. 이는 또다시 금리와 연결되어 있다. 대체적으로 금리가 낮은가, 높은가에 따라 사람들의 심리가 변해서 주택을 구입하게 된다. 이와 관련되어 금리가 움직이는 전체적인 그림도 중요하다.

19세기에 영국을 중심으로 화폐의 가치를 금의 가치에 연계시키는 금본위제가 발전되었다. 금본위제를 기반으로 한 화폐제도하에서는 상대적으로 통화가치가 안정되고, 경제발전과 교역에도 큰 도움이 되었다. 물가가 안정적으로 통제된다는 것은 호황으로 물가가 올라도 다음해에는 불황으로 물가가 다시 제자리로 돌아왔다는 뜻이다. 호황과 불황이 거의 순차적으로 진행되었다. 이러다 보니 자산 가격 상승도 미미했다. 물가가 오르지 않으니 자산 가격도 움직임이 적었다.

그러나 20세기 들어 1, 2차 세계대전을 겪으며 유럽을 비롯한 많은 국가들이 금본위제를 포기하고, 각국의 환율을 고정하지 않고 시장의 추세에 따라 변동하는 변동환율제도를 도입하게 된다. 변동환율제도 도입 이후 각국 통화가치의 변동성이 커지자 세계적 경기 침체와 물가 상승 등의 문제가 발생했다. 이에 미국은 1944년 금본위제 및 고정환율제를 기반으로 하는 브레튼우즈체제를 체결하게 된다. 미국이 은행국가로서의 역할을 담당하고, 이에 따라 각국은 달러를 대외준비자산으로 보유하고, 미국은 타국이 보유한 달러에 대하여 금태환을 보장하는 것이다.

브레튼우즈체제로 통화가치가 안정되고 국제무역이 확대되어 시장에 돈이 풀렸다. 세계 경제는 살아났지만 달러를 세계에 공급하는 미국은 국제수지 적자가 쌓이고 금보유량마저 감소하는 악순환이 지속되자 결국 1971년 금태환 정지를 선언함으로써 브레튼우즈체제가 막을 내렸다. 사실상 금본위제의 폐지를 가져온 이 선언 이후 조금씩 물가가 상승하고 자산 가격도 함께 오르기 시작했다. 그렇다 해도 이때까지는 자산 가격 상승에 본격적인 시동이 걸렸다고 할 수 없다.

1973년 1차 오일쇼크 이후 미국과 산업 선진국들은 막대한 재정을 투입해 경기를 회복시켰다. 이로 인해 재정은 적자가 났고 물가가 상승하게 된다. 재정적자와 높아진 석유값은 인플레이션을 촉발시키고 이런 상황은 1980년대 초까지 지속되었다. 이 상황을 타개하기 위해 당시 FRB 의장인 폴 볼커가 인플레이션을 잡기 위해 금리를 올리기 시작했다. 고금리로 미국 제조업은 엄청난 타격을 입게 된다. 재정이 풀리고 물가가 오르니 이와 함께 뛰쳐나온 돈이라는 유동성은 자산시장 곳곳을 침투하며 마구 휘젓고 다녔다.

1980년대 세계는 고금리로 인플레이션을 잡아 물가가 안정되었다. 높은 금리로 1970년대에 '주식은 죽었다'는 이야기가 회자되었지만 금리가 떨어지며 1980년대 초반에 주식 대세 상승이 시작된다. 금리는 점차적으로 낮아졌으나 여전히 인플레이션에 대한 경계로 주식시장은 쉽게 하락하지 않았다.

1990년대에 중국과 인도가 세계 경제에 복귀한다. 인도와 중국에서 저렴한 인건비를 앞세워 전 세계에 값싼 물건을 수출하자 세계 각국의 물가가 진정되는 효과가 나타난다. 물가에 대한 부담이 사라지자 각국의 중앙은행은 굳이 금리를 올려 물가를 방어할 필요가 없어졌다. 금리를 올리지 않아도 경기악화를 막을 수 있었던 것이다. 반면 부지불식간에 자산시장에 거품이 끼는 일이 벌어졌다.

일본에서 먼저 일어난 버블이 전 세계로 번져간다. IT버블, 서브프라임 모기지 사태 등 저금리로 인한 자산 가격 버블이 계속 일어난다. 이런 일이 반복되어도 중앙은행은 물가가 오르지 않았으니 정부 차원에서 꼭 개입할 필요성과 이유를 찾지 못한다. 이런 상황은 지금도 다르지 않다. 물건이 저렴하게 공급되는 덕분에 물가는 오르지 않고 안정되었다. 금리가 낮으니 중앙은행들은 경제 회복을 위해 적극적인 지원을 할 수 있다. 중앙은행이 금리를 올리지 못하니 자연스럽게 거품이 끼게 된다. 최근에 벌어진 거품 현상 중 하나가 비트코인이라고 할 수 있다. 그렇게 역사는 돌고 돈다.

◆ 한국 금융시스템은 안전한가

지금까지 살펴본 것처럼 2차 세계대전 이후 장기적으로 볼 때 전 세계 부동산은 성장을 거듭했다. 구체적으로 이야기하자면 가격이 계속 상승했다. 지역별로는 분명히 망한 곳도 있다. 물론 비껴간 국가도 있는데 장기 성장에서 벗어났던 일본과 독일이다. 현재는 두 국가 모두 성장으로 돌아선 상태다. 워낙 장기간 성장을 못했을 뿐 또다시 전 세계 경제는 호황과 침체를 반복했다.

2008년 금융위기 이후 부동산 버블 붕괴에 대한 많은 연구가 이뤄졌다. 특이한 사례로 지목되는 일본과 독일, 대공황 이후의 미국에 대한 연구가 많았다. 이들 나라의 공통점은 금융으로 과도한 유동성을 공급했다는 것이다. 유동성이 부동산 가격을 밀어올리고 하늘 높이 솟은 가격이 무너지며 사회 전반에 엄청난 여파를 미쳤다. 거시경제 정책인 정부의 돈 풀기와 금리 인하를 시행하지 않으면 시장에서 문제를 해결하지 못한다. 상황이 계속 지속되는 이유다. 독일은 유럽연합 창설에 따른 금리 문제가 좀 더 크다.

한국은 분명히 다르다. 한국 아파트 가격이 너무 비싸니 망할 것이라는 이야기는 위 국가들의 경우와는 다르다. 그것도 많이 다르다. 무엇보다 유동성 때문이다. 한국은행은 금융시스템의 안정 상황을 수치화한 '금융안정지수(Financial Stability Index)'를 발표하는데 한국의 금융시스템은 아직 위험한 수준이 아니라고 한다. 금융안정지수가 22를 넘으면 위험으로 보고 8을 넘어갈 때부터 경고 단계로 본다. 한국은 경고 단계에서 거의 아래 단계에 있을 정도로 아직은 안정적이다. 더 중요한 것은 일본과 미국처럼 과도한 유동성이 공급된 적이 없다.

뉴스에서는 늘 가계부채가 과도하다고 지적한다. 사실을 부정하는 것은 아니지만 아직까지는 우리나라 경제 상황에 과한 수준은 아니다. 우리가 일본이나 미국 또는 독일과 같은 경험을 하기는 힘들다. 이건 지난 150년의 통계를 보더라도 그렇다. 인구구조는 부동산시장을 분석하는 중요한 요소이고, 주택 가격의 변동 요소이기는 하다. 여기에 공급은 주택 가격을 결정하는 핵심요소다. 그렇다 해도 이 두 가지 때문에 부동산이 망하진 않는다. 전 세계적으로도 인구구조와 공급만으로 부동산이 망한 국가는 없다. 금융이 발달할수록 금융에 따른 유동성이 주택 가격 변동에 더 큰 영향을 미친다.

현재는 저금리 상태이나 저금리 기조가 멈춰야 거품이 빠지고 자산 가격 상승도 멈추게 될 것이다.

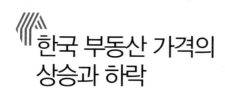

한국 부동산 가격의
상승과 하락

◆ **부동산의 금융화에 따른 가격의 변화**

부동산에서 수요와 공급은 무척이나 중요하다. 심지어 어떤 사람들은 주택 가격의 상승과 하락은 오로지 수요와 공급이 결정한다고 말한다. 그 외는 다 부차적인 것이라고 설명한다. 이들은 인구구조가 부동산시장에 가장 큰 영향을 미친다며, 인구가 점점 줄어드니 수요가 줄어들어 주택 가격이 하락할 수밖에 없다고 생각했다. 한때 인구구조론으로 부동산 시장을 분석했던 사람들이 예상과 달리 주택 가격이 상승하자 뒤늦게 후회하기도 했다.

비록 성장률은 낮지만 인구는 여전히 늘고 있다. 2010년대 초반 서울과 수도권의 주택가격이 하락한 것은 공급이 늘어났기 때문일까? 전혀 아니다. 오히려 당시에는 공급이 줄어든 상황이었음에도 주택 가격이 상승하지 않았다. 반대로 2017년에는 입주물량(공급)이 늘어났고, 2018년에는 더 늘어날 예정임에도 서울과 수도권의 주택 가격은 상승하고 있다. 주택의 수요와 공급만으로 주택 가격을 전망하기에는 어려움이 있다.

주택 가격이 본격적으로 상승하기 시작한 때는 시장에서 금융이 제대로 작동하면서부터다. 여기서 금융이라는 표현은 대출이라고 보면 된다. 주택을 구입하려면 돈이 필요하다. 과거에는 자기 돈으로 주택을 구입하는 경우가 대다수이고 대출을 받게 되더라도 구입대금의 일부였다. 지금은 반대다. 구입대금의 대부분이 대출받은 돈이고 자기 돈은 일부인 경우가 많다. 2012년 한국은행에서 발표한 〈금융의 경기순응성 측정 및 국제 비교〉 보고서에 의하면 대출과 주택가격은 밀접한 관련이 있다. 비핵심대출과 주택가격 또한 마찬가지로 동행한다. 대출이 늘어나면 주택가격이 상승하고 대출이 줄어들면 주택가격이 하락했다. 이 보고서에는 다음과 같은 문구가 있다.

Goodhart and Hofmann(2007)은 주택시장과 주택금융시장 연계를 통해 경기순환주기(boom-burst cycle)를 설명할 수 있고 또한 금융시장 안정성·불안정성에 기여할 수 있다고 주장한다. 주택 가격이나 주택금융시장이 장기적 추세(trend)에서 벗어나는 경우, 이는 주택금융 분야의 침체(distress) 상황을 예측하는 데 도움이 된다.

주택금융 이용 가능성의 증가는 모기지 이자율을 낮추고 현재와 미래 시점의 투자를 증가시킬 수 있다. 따라서 할인율(discount rate)과 미래현금흐름(future cash flow)을 낮추게 되고 이는 주택가격의 상승으로 이어질 수 있다. 위와 같이 이자율을 통한 간접적인 영향 뿐 아니라 주택금융 이용 가능성은 예산제약을 가진 주택 수요 가구들에게는 직접적으로 주택 수요를 증가시킬 수 있다. 주택금융 시장을 통해 야기된 주택 수요 증가는 시차를 두고 주택가격을 상승시킬 수 있다.

금융이 부동산에 침입하면서 부동산이 금융화되었다는 의미다. 부동산 자체도 중요하지만 갈수록 부동산이 금융에 종속되며 대출에 따라 부동산 가격이 움직인다. 이어서 이 보고서는 다음과 같이 대출 규모가 주택가격에 미치는 영향에 대해서도 설명하고 있다.

반대로 주택 가격이 가계대출(household borrowing) 규모에 영향을 줄 수 있다. 주택 가격 상승은 가구의 재산(wealth)을 증가시키고 주택의 담보가치를 높이게 되어 가구의 예산제약을 완화시킨다. 가구의 재산을 증가시키면 생애 재산(lifetime wealth)이 증가되어, 현 시점의 부채를 증가시키고 전체 생애기간 소비를 일정하게(smoothing) 만든다. 주택 가격의 상승은 주택금융 공급에도 영향을 미칠 수 있다. 담보주택의 가격 상승은 은행의 대차대조표에 자산 증가로 나타나고, 이는 은행의 대출한도를 높인다. 주택금융 이용 가능성과 주택 가격 간의 상호작용 외에도 방향성(인과관계)에 대한 연구에 따르면, 모기지 공급이 주택 가격에 유의한 영향을 미치는 것으로 밝혀지고 있다[Liang and Cao(2007)].

모든 것이 다 동조화되었다는 것은 아니다. 시기별로 다르다. 비핵심대출은 동조화 경향이 시작되는 데 영향을 미쳤을 것이다.

◈ **주택 가격의 버블**

한국에서는 주택 가격이 10%쯤 상승한다면 버블이라며 난리가 날 것이다. 그러나 그저 가격이 많이 상승했다고 해서 버블이라고 할 수는 없다. 가격이 어느 정도나 상승해야 버블이라고 할까? 스웨덴 왕립공대 교수인 한스 린트(Hans Lind)는 논문 〈주택 가격의 버블Price Bubbles in Housing Market〉(2008)에서 주택시장에서 연 30% 이상 가격이 상승해야 버블이라고 정의했다. 버블은 강한 버블과 약한 버블로 나눌 수도 있다. 버블은 강한 버블은 30% 이상 주택 가격이 상승한 것이고, 약한 버블은 20% 이상 주택 가격이 상승한 것이다. 그렇다면 지금까지 한국의 주택 가격은 어느 정도 상승했을까?

많은 사람들이 이용하는 KB은행 주택 가격 동향에 따르면 아파트만 대상으로 할 때 전국적으로 약한 버블이 1988년에 20.04%, 1989년에 20.20%, 2002년에 22.78%로 세 번 있었다. 강한 버블은 전국적으로 단 한 번 있었는데 1990년에 32.28% 상승했다. 88올림픽 이후 주택 가격이 20.04%에서 32.28%까지 가파르게 상승하다 보니 당시에 '200만 호 주택건설'을 추진할 수밖에 없었을 것이다. 서울 지역 아파트로 한정해서 가격을 살펴보면 1990년에 37.62%, 2002년에 30.79%로 강한 버블이 두 번 있었다. 그 외에 약한 버블은 2006년에 24.11%로 한 번 있었다.

살펴봤듯이 한국 주택시장에서는 2007년부터 지금까지 주택 가격이 20% 이상 상승한 적이 없다. 참고로 전국 아파트 가격의 평균 상승률은 2016년에 4.22%, 2017년에 5.28%였다. 다만 2018년 1월 서울 아파트 가격은 전월 대비 1.12% 상승했다. 이대로 상승 추세가 이어진다면 강한 버블은 몰라도 약한 버블은 충분히 일어날 수도 있겠다.

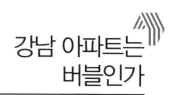

강남 아파트는
버블인가

◈ **자산 가격 등락 사이클에 따라 움직이는 부동산 가격**

강남에 있는 아파트는 강남 이외 지역으로 움직일 수 없다는 특성이 있기 때문에 많은 사람들이 부동산은 고유한 가격 형성 메커니즘이 작동할 거라고 생각한다. 또한 부동산은 개별성이 강하기 때문에 입지·학군·교통 등이 가격에 엄청난 영향을 미친다고 본다. 그렇다면 주택가격은 독자적으로 상승하거나 하락하는 것일까? 결코 그렇지 않다. 모든 자산 가격의 상승과 하락에는 사이클이 존재하고, 부동산 가격도 자산시장의 일부이므로 이 사이클을 따른다. 부동산시장이 독자적으로 움직인다면 공급이 적었던 2008년 금융위기 때는 가격이 상승했어야 한다. 하지만 금융에 종속된 부동산 가격은 다른 상황이 변한 것이 없어도 자산 가격이 하락하면 함께 하락한다.

부동산과 주식 모두 같은 자산시장 내에서 움직이는 상품이다 보니 주식시장의 가격을 알아보는 것이 부동산 투자에 도움이 된다. 1986년 1월부터 2018년 1월까지 33년간 강남 아파트 매매가격과 KOSPI 지수를 비교해 부동산 가격과 주식 가격이 어떻게 움직이는지 살펴보자.

부동산 가격과 주식 가격의 비교

기간	시작	종료	변화	변화율
	한강 이남 아파트 매매가격지수*			
1차 상승기(1986. 1 ~ 1991. 4)	18.3	39.3	21.0	115%
1차 정체기(1991. 5 ~ 2001. 6)	39.0	39.9	0.9	2%
2차 상승기(2001. 7 ~ 2008. 7)	41.2	102.3	61.1	148%
2차 정체기(1986. 1 ~ 1991. 4)	102.2	102.6	0.4	0%
3차 상승기(2016. 6 ~2018. 1)	103.1	112.3	9.2	9%
기간	KOSPI 지수			
1차 상승기(1986. 1 ~ 1991. 4)	157.5	638.3	480.8	305%
1차 정체기(1991. 5 ~ 2001. 6)	630.2	602.9	27.3	−4%
2차 상승기(2001. 7 ~ 2008. 7)	554.1	1,569,3	1,015.5	183%
2차 정체기(2008.8 ~ 2016.5)	1,537.6	2,036.7	499.1	32%
3차 상승기(2016. 6 ~2018. 1)	2,042.6	2,520.9	478.4	23%

* KB부동산 시세

1986년부터 2018년까지 두 번의 상승기와 두 번의 정체기가 있었고, 2016년 9월 이후 부동산 가격과 주식 가격 모두 상승기에 들어서 있다. 부동산 상승기 누적수익률은 272%이고 이 기간 동안 주식의 누적수익률은 511%다. 부동산 하락기 누적수익률은 2%였고 주식은 28%였다. 부동산과 주식은 비슷하게 움직이는 동조화를 보인다. 정체기의 수익률이 미미한 수준이라는 것도 비슷하다. 1차 정체기에는 투자기간이 무려 10년에 이르는데도 실익이 거의 없었다. 누적수익률을 보면 한국에서 33년 동안 돈을 묻어놓는 것은 그다지 좋은 방법이 아니다. 물가상승률을 감안한다면 성과는 더욱 처참하다.

33년 동안 주식이 16배나 되는 수익률을 보였지만 부동산은 6.1배였다. 여기서 2000년 1월 이후 IMF 외환위기 효과를 제거하면 주식은 1.65배, 부동산은 2.15배 수익이었다. 거기에 2001년 1월 IT버블 효과를 제거한다면 주식은 3.31배, 부동산은 2.02배였다. 다만 부동산은 대부분 대출을 이용해 투자하는 경우가 많으므로, 50% 대출을 받았다면 부동산은 33년 동안 12.2배로 확 늘어난다. 주택투자에 있어 전세를 끼고 매입하는 갭투자를 했다면 그 수익률은 더 늘어나게 된다. 부동산 상승기는 약 14년이고, 부동산 정체기는 약 19년이다.

위 표를 통해 부동산 가격과 주식 가격이 함께 움직인다는 것을 확인했다. 부동산과 주식 모두 같은 자산시장 내에 있고 특정 시기에 상승하며, 그 시기를 제외하면 가격이 정체되었다.

부동산과 주식이 비슷하게 움직이는 것은 자산시장의 동조화로 설명할 수 있다. 이는 정부가 통화량 조절에 실패하거나 외환 불태화가 불가능할 정도로 해외에서 들어오는 유동성이 넘쳤기 때문이다. 이렇게 국내에 유입된 유동성은 금융가속기를 가동시킨다. 드디어 주식이나 대표적 실물자산인 부동산이 영향을 받는다. 실질적으로 금융가속기가 돌아가는 시간을 제외하면 자산 가격은 다시 안정화된다.

아마도 2004년 이후에 한국은행에서 기획재정부로 불태화 정책을 이관해 2013년 자산 가격 반등 시에 불태화 정책을 펼친 듯하다. 일본, 미국, 유럽연합은 중앙은행이 직접 양적완화를 실시하는 데 반해 한국은 수출대금의 불태화를 조절하는 것만으로도 얼마든지 유동성을 공급할 수 있다. 최근 비트코인이 김치 프리미엄이라 하여 한국에서 해외보다 높은 가격에 거래되는 현상이 나타났는데 이는 가상화폐시장에 과도한 유동성이 몰렸기 때문일 것이다. 유동성이 가장 많이 몰리는 투자처는 바로 강남 아파트다. 강남 아파트가 유독 상승폭과 하락폭이 큰 이유다.

◈ 버블을 향해가는 강남 아파트

1987년에서 2018년까지 강남 지역 아파트의 매매가 상승률을 살펴보면 1990년 38.85%, 2002년 35.2%로 강한 버블이 발생했다. 2001

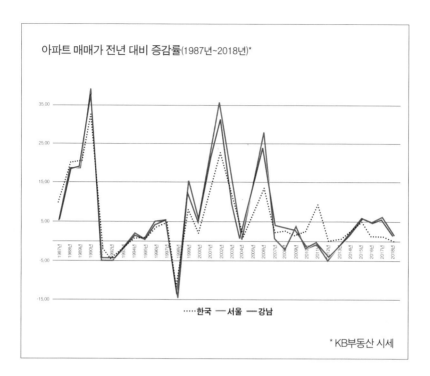

아파트 매매가 전년 대비 증감률(1987년~2018년)*

······한국 ──서울 ──강남

* KB부동산 시세

년 22.04%, 2006년 27.65%로 약한 버블이 일어났다. 이때를 빼고는 단 한 번도 1년 기준으로 10% 이상 상승한 적이 없다. 최근 10년 동안 강남 지역 아파트의 가격 동향을 살펴봐도 버블이라고 할 만큼 상승한 적은 없다. 생각보다 상승폭이 크지는 않지만 2016년 4.69%, 2017년 5.65%, 2018년 1월 기준으로는 1.49% 상승했으므로 당분간 상승 추세가 쉽게 꺾이지는 않을 듯하다.

심각한 버블을 경험한 일본 도쿄의 1983년 토지 가격을 100이라고 할 때 1991년에는 264.8까지 상승했다. 일본 수도권으로 확장하면

250.2까지 상승했다. 기간을 줄여서 1987년의 토지 가격인 169.6과 비교해도 1991년의 264.8은 단기간에 급격하게 상승한 것이다. 상업용 건물 가격의 상승폭은 훨씬 더 크다. 1980년 도쿄 상업용 건물의 가격을 100이라고 할 때 1990년에는 421.9까지 상승한다. 이 또한 기간을 줄여서 보면 1985년 150.6에서 1990년 421.9는 3배 가까이 오른 것이다. 이 정도는 상승해야 버블이라고 할 수 있다. 한국 강남 아파트의 가격은 버블이란 말을 듣기에는 상승률이 높지 않다.

최근 몇 년간 가계부채가 위험한 수준에 이르렀다는 사실이 경제분야 단골 뉴스였다. 특히 가계부채 중 주택담보대출이 늘어나 위험하다고 한다. 정부에서 2017년 8월 2일 주택시장 안정화방안(이하 8.2 부동산대책)을 발표한 이후 대출기준이 강화되었다. 강남 4구는 투기지역으로 지정되어 대출받기가 더욱 어려워졌다. 유동성을 막아버린 것이다. 그러나 은행을 통한 주택담보대출이 아닌 보이지 않고 실체를 파악하기 힘든 신용대출과 비핵심대출에 따른 유동성이 문제다.

강남 아파트는 서울 사람들뿐 아니라 전국에서 주시하고 있다. 지방 전문직 종사자나 자산가들도 강남 아파트를 매수해 보유하고 싶다면 전세를 끼고 몇 억 정도의 현금만으로 매수할 수 있다. 재건축을 기대하며 매수하기도 하지만 자녀의 강남 입성을 목표로 매수하기도 한다. 이런 돈은 주택담보대출로 전혀 노출되지 않는다. 2017년 KB 금융연구소 발표에 의하면 전국적으로 현금을 10억 원 이상 보유한 자산가는 대략 24만 2000명 정도이다. 이들에게는 강남 아파트에 대한 로망이 있다. 아직까지는 강남 아파트 가격에 버블이 일어나지 않았지만 현재 가격이 상승하고 있고 구매 대기자가 줄어들지 않는 한 언제든 버블이 발생할 수 있다.

　이러한 현상은 단순히 갭투자로 강남 아파트를 보유한 사람들 때문에 일어난 것이 아니다. 그곳에 거주하는 임차인도 공동으로 책임을 지게 된다. 주택담보대출과 달리 전세담보대출은 정부에서 장려하는 대출이다. 전세담보대출은 임대차계약서를 근거로 80% 정도 대출을 받을 수 있다. 등기부등본에는 전세담보대출 여부는 기록되지 않는다. 만약 신용대출을 받아 갭투자로 매수한 아파트에 전세담보대출을 받은 임차인이 거주한다면 이 아파트에 들어간 돈이 모두 대출금임에도 주택담보대출로 잡히지 않는 것이다. 이렇게 눈에 보이지 않는 대출이 현재 강남 아파트를 떠받치고 있을 수도 있다.

　강남 아파트의 엄청난 가격은 비강남권 사람들의 입장에서는 버블로 보인다. 그러나 앞에서도 설명했듯 비싸다고 해서 버블이라고 할 수는 없다. 비싼 가격에도 불구하고 희소가치를 인정하고 기꺼이 값을 지불하는 사람들이 있을 뿐 아직까지는 버블이라고 할 수 없다. 하지만 향후 버블에 이를 만큼 상승할지 상승 추세가 멈출지는 누구도 모른다. 단 이것만큼은 확실히 말할 수 있다. 2018년 3월 현재 버블이 발생 가능한 에너지는 충분히 응축되어 있다. 에너지가 분출되어 버블이 발생할지, 정부 의지대로 멈출지는 지켜봐야 한다.

6장

버블은
온다

경제위기는
언제 올까

◈ 부동산 가격만 들여다보지 말고 경제 전반을 보자

지금까지 길게 이야기했지만 사실 독자들은 언제 호황이 오고 언제 불황이 닥칠지를 가장 듣고 싶어할 것이다. 그도 아니면 이번 상승장이 언제쯤 끝날지 궁금할 것이다. 영원한 상승이란 없으니 조만간 상승장이 끝나고 하락장이 올 것이다. 우리 주변에는 부동산 가격이 하락하기만을 기다리는 사람들이 많다. 그들이 언제까지 기다리면 될지 명쾌한 근거를 보여줄 수 있다면 좋겠지만 불행히도 그건 어렵다. 필자가 그걸 안다면 혼자만 알고 있거나 지인들에게만 알려주고 투자를 하는 편이 낫다. 아니면 족집게 고액 강의를 하고 큰돈을 벌 수도 있겠다.

누누이 밝혔듯이 부동산 가격은 독자적으로 상승하는 게 아니라 다른 자산 가격과 동조하여 상승한다. 그러니 부동산 가격만 들여다보지 말고 경제 전반을 살펴봐야 한다. 경제위기가 닥치면 부동산 가격도 어김없이 하락한다. 경제 상황에 계속 관심을 기울인다면 위기를 감지할 수 있을 것이다.

시장에 비핵심대출이 많이 쌓이는 것 또한 경제위기가 다가오는 신호일 수 있다. 비핵심대출이 쌓이면 경제가 호황을 누리지만 큰 위기가 축적되고 있다는 뜻이기도 하기 때문이다. 호황 이후에는 불황이 오게 마련이고 그 과정에서 많은 사람들이 고통을 받는다. 비핵심대출은 단기자금 위주이기 때문에 위기를 감지하면 재빨리 시장에서 발을 뺄 수 있다. 뒤도 돌아보지 않고 잽싸게 탈출한다.

다음으로 LTV가 높아지면 곧 위기가 찾아올 수 있다. LTV는 은행이 주택을 담보로 대출해줄 때 담보가치 대비 최대 대출 금액이 얼마인지를 나타내는 지표다. LTV는 공시지가가 아닌 시가로 따지기 때문에 은행에서 집의 자산가치를 얼마로 볼 것이냐도 중요하다. 이를테면 시가 1억짜리 아파트에 LTV가 70%라면 7000만 원을 대출 받을 수 있다. LTV가 높을 때는 주택 가격의 90%까지 대출을 받을 수 있었다. 대출을 많이 해준 은행은 재무구조가 취약해진다. 경제위기가 오면 은행은 살아남기 위해 대출을 회수한다. 은행이 대출을 연장해주지 않으면 곳곳에서 곡소리가 난다. 금융의 경기순응성이 높을 때 항상 일어나는 일이다.

GDP 대비 민간신용 비중이 과도하게 높아진다는 것은 위험 신호이다. GDP 대비 민간신용의 비중이 높아진다는 것은 시중에 돈이 풀리는 것이므로 초반에는 경제가 성장하겠지만 평균을 넘어서면 어김없이 위기가 찾아온다. 시점을 정확히 맞출 수는 없다. 그건 불가능하다. 그저 평균보다 훨씬 높아지면 그때부터 서서히 위험이 다가온다는 뜻이다. 그걸로 미리 예측할 수 있을 뿐이지 시기까지는 무리다.

비핵심대출의 규모가 커지고, LTV가 높아지고, GDP 대비 가계부채가 임계점을 넘어서지 않는다면 경제는 그렇게 우려하지 않아도 된다. 현재 한국의 경제 상황이 어느 정도인지는 아직 확실하지 않지만 버블이 껴 있다고 보기에는 무리다.

◈ 한국에서 버블이 일어날까

그에 반해 현재 한국에서는 버블 후 불황은 아니고 경기 후퇴는 가능하다. 한국 경제는 수출 중심이라 세계 경제에 큰 영향을 받는다. 내수 경기보다는 세계 경제 상황에 따라 성장과 후퇴를 반복해왔다. 현재는 세계 경제가 좋아 한국 경제 또한 성장하고 있다. 여기서 경기 순환적인 후퇴는 분명히 또다시 일어난다. 높은 신용을 포함한 버블은 한국에도 충분히 일어날 수 있다. 버블이 붕괴되면 곳곳에서 어렵다는 이야기가 넘쳐날 가능성이 아주 크다. 아마도 높은 신용을 포함한 버블 붕괴는 한국에서도 드물지만 일어날 가능성이 있으니 조심해야 할 필요가 있다. 그렇지만 일본에서 발생했던 것 같은 미친 신용을 동반한 버블이 일어나지는 않을 것이다.

자본주의 시스템에서 항상 경기 성장과 후퇴가 반복된다. 이 차이를 줄이기 위해 계속 노력할 뿐이다. 여기서 문제는 높은 신용을 통한 버블과 미친 신용을 통한 버블이다. 한국에서 일어날 수 있는 버블은 높은 신용을 통한 버블 정도인데 사람들은 미친 신용을 통한 버블이 일어날까봐 두려워한다. 지금껏 한국 정부는 높은 신용에서 미친 신용으로 가기 전 선제적으로 대응해왔다. 2017년 문재인 정부에서 8.2 부동산대책을 발표한 후 다양한 후속 대책을 내놓은 것을 보면 높은 신용이 문제라는 것을 파악하고 미친 신용으로 가는 길을 막아버렸다. 부동산 가격이 무한정 상승할 수 없는 이유다. 하늘을 봐야 해나 달을 볼 텐데, 하늘을 가려버리면 해도 달도 볼 수 없다. 너무 걱정할 필요는 없지 않을까.

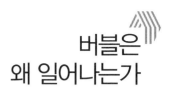

버블은
왜 일어나는가

◆ **버블은 위기이자 기회**

버블은 시대를 막론하고 항상 우리에게 찾아왔다. 버블이 일어날 당시에는 버블로 인식되지 않는다. 일정 시간이 지나야 버블이라는 판명이 난다. 버블이 일어난 후에는 고통도 함께 찾아온다. 긴 호흡으로 바라보면 버블이 발생하면 새롭게 시작할 수 있는 장이 마련된다는 긍정적인 면도 있다.

버블이라고 무조건 위험한 것은 아니다. 시장에 그다지 영향을 미치지 못하는 버블의 경우 정책 당국은 시장에서 자체적으로 해결되도록 곪아 터질 때까지 지켜보기만 한다. 문제는 부동산 버블이다. 다른 버블과 달리 부동산 버블은 사회에 상당히 큰 영향을 미친다. 1930

년대 미국 대공항도 부동산 버블과 관련이 있었고 일본 버블도 부동산과 밀접한 관련이 있었다.

알려진 바와 같이 버블 붕괴는 해당 국가에 부정적인 영향을 미쳤다. 최근에 서브프라임 모기지 사태로 인해 부동산 버블이 사회에 얼마나 큰 해악을 미치는지 자각한 정책 당국은 부동산 버블만큼은 확실히 잡기로 했다. 현재 정책을 결정하는 당국자의 시선과 생각은 이런 면에서 무척 중요하다. 정책을 만들어 시장을 잘 작동하게 하는 것이야말로 이들의 업무다. 그렇기에 탁상공론보다는 현실적으로 접근해서 풀어내려 노력한다. 엉뚱한 짓을 저지르면 또다시 서브프라임 모기지 사태나 일본 버블 붕괴와 같은 일이 벌어진다는 걸 누구보다 잘 알고 있다.

버블은 위기이자 기회다. 버블이 곪아 터질 때는 위기지만, 버블이 생기는 과정에는 기회가 있다. 기회를 알아차리고 자산을 늘리는 사람이 있고, 위기인지 모르고 베팅했다 보유한 자산을 전부 날리는 사람도 있다.

최근 비트코인이 엄청난 인기를 끌었다. 또한 비트코인이 투자인가 투기인가에 대한 논쟁이 이어지기도 했는데, 뜨거운 관심이 모아진 결과 많은 사람이 '가상화폐'라는 새로운 화폐의 존재를 알게 되었다. 이제껏 화폐는 국가가 발행하는 것이었다. 국가를 신뢰하기 때문에 해당 국가가 발행한 화폐를 믿고 거래했다. 그러나 비트코인은 국가가 보증하지 않아도 신뢰할 수 있는 화폐다. 비트코인이 버블인지 아닌지는 아직 판명이 나지 않았지만 사람들에게 화폐에 대한 근본적인 질문을 던졌다. 버블이 터지면 분명 후폭풍도 있겠지만 그만큼 성장도 뒤따를 것이다.

◆ 욕망이 넘칠 때 버블이 찾아온다

IMF 외환위기 이후 부채에 대한 한국인들의 태도에 많은 변화가 있었다. 부채는 무조건 나쁜 것이 아니라 자산 증식에 도움이 될 수도 있다는 인식을 갖기 시작했다. 신용카드 보급률이 높아진 것은 부채에 대한 인식을 바꾸고 소비자 신용사회에 진입하는 데 중요한 역할을 했다. 물론 그 과정에서 신용카드 발급을 남발해 사회적 문제가 발생하기도 했지만.

신용카드는 사람들이 소비를 하게 만든다. 당장 돈이 없어도 무엇인가 살 수 있고 소비할 수 있는 시스템은 행복을 안겨준다. 눈에 보이지 않는 지출은 머리에서 소비라는 개념을 빼앗아가버렸다. 자신의 한도만큼 신나서 카드를 긁은 뒤 상환하지 못하면 모든 것이 중단된다. 이제부터 일을 해서 돈을 벌어도 통장에 돈이 남지 않는다. 게다가 연체라도 한다면 신용불량자가 되는 건 시간문제다.

인간의 욕망은 한계가 없고 신용은 인간 욕망의 한계를 넓혀간다. 자신이 할 수 있는 최대치까지 신용을 쓰게 마련이다. 어느 정도가 한계인지 모르니 일단 지르고 보는 게 인간이다. 신용을 자신의 능력이라고 믿게 된다. 이럴 때 신용만큼 돈을 대출받지 못하는 사람이 이상한 사람이다. 이 행복을 포기한다는 것은 말도 안 된다. 부자가 그만큼 적은 이유다. 부자는 행복을 포기하거나 연기한 이상한 종족에 속하는 사람들이다. 그러나 행복은 오래가지 않는다. 행복감을 계속 유지하려면 또다시 신용카드를 긁어야 한다. 부채가 줄어들지 않고 계속 쌓여간다.

행복감을 유지하기 위해 쌓은 부채는 사람을 변화시킨다. 옆 사람과 협업을 잘해야 한다. 평판이 나빠질 수 있으니 싸우면 안 된다. 거짓말도 하면 안 된다. 회사에 출근을 잘해야 잘리지 않고 월급을 받는다. 남들보다 튀는 행동을 하면 안 된다. 이전과 다른 생활양식이 우리를 지배한다. 신용카드 결제일을 기준으로 생활 패턴이 바뀐다. 신용카드뿐만 아니라 주택담보대출, 학자금대출, 자동차할부까지 부채를 상환해야 하는 사람은 상환경로에 따른 생활을 해야 한다. 이제 드디어 신용사회로 확실히 진입한 것이다. 월급은 잠시 통장에 찍힐 뿐 눈 깜짝할 새 빠져나간다. 이제부터 회사는 그만두려 해도 그만둘 수 없는 묘한 굴레가 되어버린다.

과거에는 농사를 지으면 왕이나 지배자에게 일정량을 바쳐야 했다. 살아남기 위해 따르지 않을 수 없어 내린 결정이다. 현대인은 자신의 욕구 만족을 위해 열심히 일한다고 믿는다. 그렇지 않다. 지금도 과거와 달라진 것이 없다. 원천징수부터 시작해서 각종 부채상환 경로를 통해 통장을 스친 돈은 정부나 자본가가 가져간다. 차이는 과거에는 눈앞에서 위협해 가져갔다면 지금은 세련된 방식으로 가져가거나 자발적으로 낸 것처럼 보이게 할 뿐이다. 이미 사회시스템에 적응된 사람들은 의존적인 행동을 한다. 자신도 눈치채지 못한 상황에서 부채상환 경로에 따른 삶을 살아간다.

이러한 사회시스템에 적응된 사람들은 더 거대한 부채상환 경로에 진입한다. 바로 주택담보대출을 받아 집을 구입해 30년 동안 상환하는 시스템이다. 노후에는 역모기지를 통해 집을 담보로 연금을 받는다. 이 시스템에서 사람은 착해야 하고 이웃과 잘 지내야 한다. 남들과 다른 존재가 되면 신용이 깎이며 부채상환 경로에서 이탈할 수 있다. 이 경로에서 이탈한다는 것은 사회적으로 사망 선고를 받는 것과 같다. 사회가 발달하며 더 많은 사람들이 이 시스템에 자발적으로 참여한다. 어느 누구도 누군가의 조정을 받는다는 사실을 알아차리지 못한다. 갈수록 더 많은 대출을 받고 더 많은 부채가 쌓여야 사회에서 제대로 된 존재로 인정받게 된다.

버블은 바로 이 사람들이 만들어내는 총합이다. 언제든 모든 사람은 더 많은 부채와 대출을 쌓을 준비가 되어 있다. 아주 작은 촉매제가 던져지면 그 즉시 모든 사람은 더 큰 행복감을 맛보기 위해 더 많은 대출을 받는다. 과거와 달리 대출은 죄악이 아니다. 더 큰 행복을 선사하는 선악과가 되어버렸다. 버블은 결코 부자가 만들어 내는 게 아니다. 지극히 평범한 사람들의 욕망이 극대화되었을 때 시장에 버블이 불어닥친다. 현 소비자금융을 통한 사회시스템이 해체되지 않는 한 버블은 언제나 어느 때든 오기 마련이다.

버블이 언제 오냐고 묻는다면 당신의 욕망이 가장 넘칠 때다.

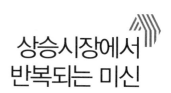

상승시장에서 반복되는 미신

◈ 이번에는 떨어질 리 없다?

한국의 주택 가격이 떨어질 리 없다고 주장하는 사람들은 우리나라의 독특한 지형을 근거로 든다. 면적이 작은데 삼면이 바다로 둘러싸여 있고, 북쪽으로는 휴전선에 가로막혀 뻗어나가지 못하니 섬나라나 마찬가지이며, 평지보다 산이 더 많으니 건축 가능한 토지가 제한적이라 주택 가격이 떨어질 리 없다는 것이다. 물론 맞는 말이고 분명히 설득력이 있다. 그러나 1990년 일본 버블 당시에도 부동산 가격이 떨어지지 않을 거라는 근거로 이와 비슷한 논리가 제시됐었다.

사람들이 자주 잊어버리는 사실이 있다. 땅이 부족하면 부족한 대로 주택을 지을 수 있다. 기술이 발전해 건물을 높이 올리면 된다.

땅이 부족한 일본에서도 건물을 높이 올렸다. 일본은 선진국 중에 고층 맨션을 가장 많이 공급하는 나라다. 일본의 주택 가격이 하락한 것은 땅이 부족해서가 아니었다. 그래서 하락한 거라면 1990년대에 버블이 붕괴되지 않고 주택 가격이 지금까지도 상승했어야 한다.

노인들은 소득이 확실하지 않은 상황에서 함부로 자산을 굴리기보다는 안정성에 초점을 맞춘다. 젊은 층은 공격적으로 자산을 증식하려고 하지만 안정적인 투자를 선호하는 노인들은 부동산을 취득한다. 서브프라임 모기지 사태가 일어나기 전 미국에서는 부동산 취득자 대부분이 노인들이므로 부동산 금융상품인 서브프라임 모지기도 위험하지 않다는 게 중론이었다.

아무리 보수적으로 자산을 운영하더라도 시장이 미치면 편승하기 마련이다. 당시에 미국은 이민이 활발한 국가라 이민자들로 인해 주택가격이 계속 오를 수밖에 없다는 주장 역시 정설로 굳어져 있다. 특히 미국의 많은 부동산 전문가들이 비버리힐즈, 실리콘밸리, 맨해튼과 같이 고소득층이 모여 사는 슈퍼스타 시티는 주택 가격이 계속 오를 거라고 확신했다. 이 지역을 살고 싶어하는 사람들은 많은데 공간은 제한되어 있다 보니 전국 평균 주택 가격을 훨씬 능가하며 가격이 가파르게 상승했다. 하지만 슈퍼스타 시티도 서브프라임 모기지 사태를 피해가지 못하고 예외 없이 무너졌다. 부자들이 사는 동네라고 다를 바 없었던 것이다.

◆ 시장에 미신이 넘쳐날 때를 경계하라

이번에는 다르다. 분명히 과거와는 다른 무엇인가 고유한 것이 있다. 혹시나 특별한 순간이 와도 나는 피할 수 있다. 전처럼 멍청하게 당하지 않을 자신이 있다. 과거 선배들은 뭘 잘 몰라 당한 거다. 개량화가 가능하다. 정확히 무엇인지 알려줄 수는 없지만 나만의 독특한 데이터로 사전에 빠져나올 수도 있다. 나만 믿어라. 이런 자신감을 넘어 교만이 넘치는 사람이 시장에 속출한다. 우매한 사람들은 환호하고 그들이 알려주는 아파트를 아무 생각 없이 매수한다. 정작 그 아파트 가격이 상승하는 것은 자신들이 매입했기 때문이라는 사실은 전혀 인식하지도 못한다. 인간의 본성은 과거나 현재나 똑같다. 눈앞의 이익에 모든 신경이 마비된다. 이익이라는 표현은 너무 점잖다. 바로 앞에 펼쳐지는 탐욕에 단순해진다. 오로지 커다란 수익만 생각하며 다른 것은 눈에 들어오지 않는다.

강남에는 정부 고위관료들과 대기업 임원들, 고소득 전문직종사자들이 살고 있다. 월수입만 해도 1000만 원이 넘는 사람들이 거주하는 강남 아파트가 떨어질 것이라 생각하는가. 다른 지역 주택 열 채보다 강남 주택 한 채가 낫다. 강남 아파트는 이동할 수도 없는 절대불변의 자산이다. 한강이 보이는 강남 아파트야말로 모두의 로망 아닌가. 수요가 넘쳐나는데 가격이 하락할 것이라고 보는가. 강남 아파트는 절대로 떨어지지 않는다는 강남불패론이 시장에 팽배하다.

입지, 학군, 교통, 커뮤니티, 거주민… 강남은 이 중 어느 것도 변한 것이 없고 교체된 것도 없다. 입지가 사라진 것도 아니다. 군사정권 때처럼 강제로 학군을 이동시키지도 않았다. 뜬금없이 전철역을 폐쇄하지도 않았다. 갑자기 감당할 수 없을 만큼의 입주 물량을 공급하지도 않았다. 변한 것은 하나도 없었다. 그런데도 2010년대 초반에는 강남 아파트 가격이 왜 계속해서 하락했을까? 이 세상에 영원한 것이 있겠는가. 모든 사람이 강남 아파트는 절대로 떨어질 리 없다는 확신을 가졌을 때가 가장 위험할 때다. 지금 혹시 당신은 그런 믿음을 갖고 있는가? 미신은 당신을 취하게 만든다. 아니 미치게 만든다. 현재 어떤 상태라고 보는가?

재미있게도 언제나 버블은 새로움을 동반한다. 이전에 없던 새로운 이론이 등장한다. 과거에도 있었던 이야기가 새로운 네이밍으로 얼굴을 성형해서 나타난다. 시장에 미신이 넘쳐날 때가 있다. 모든 사람들이 이를 수긍하고 인정한다. 너무나 당연하게 받아들인다. 곰곰이 잘 생각하고 따져보라. 현재 당신이 자산시장에서 믿고 있고, 듣고 있는 것은 옛날에도 있었고 지금도 있었던 내용이 아닐까? 착각하지 말았으면 한다. 미신은 미신일 뿐이다. 역사는 늘 반복되고 돌고 돈다. '이번은 다르다'는 말을 함부로 믿어서는 안 된다. 이것만 기억해도 당신의 자산을 지킬 수 있다. 명심해라.

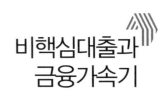

비핵심대출과
금융가속기

◆ **돈의 흐름을 알아야 부동산의 움직임이 보인다**

지금까지 자산시장의 변화를 글로벌 유동성 문제로 접근해 설명했다. 현재도 유동성은 지속적으로 늘어나고 있다. 시중에 유동성이 늘어나면 그 돈이 어디로 유입되느냐가 관건이다. 글로벌 유동성은 해당 국가에서 가계부채의 형태로 부동산시장에 유입되어 부동산 가격을 올리는 요인이 된다. 이로 인해 많은 선진국들의 부동산 가격이 함께 움직이는 동조화 현상이 나타나고 있다.

부동산 가격을 움직이는 요소는 너무 다양하다. 주택의 공급, 편리한 교통, 학군 등 셀 수 없이 많은 요소가 해당 지역의 주택 가격을 움직인다. 최근에는 부동산 가격 등락에 금융이 미치는 영향이 점차

강화되고 있다. 전세가가 매매가의 80%까지 도달한 주택이 속출하고 있는데 전세보증금을 월세로 환산해보면 글로벌 표준에 근접했다. 전세는 실수요자 시장이지만 전세보증금은 대부분 금융으로 구성되어 있다. 임차인은 금융기관에서 대출을 받았지만 집주인의 입장에서는 사금융으로 대출받은 것과 같은 구조다. 이와 같은 실물자산의 금융화는 부동산이 금융에 종속되어가고 있다는 사실을 반증한다. 자산시장이 동조화될수록 이러한 현상은 심화될 것이다.

실물자산의 금융화에 따른 가격 변화는 금융가속기 모델로 설명이 가능하다. 금융가속기는 지금까지 사람들이 중요하게 여긴 부동산 이론의 빈틈과 허점을 메워준다. 입지 · 공급 · 학군 · 인구구조 · 고령화 · GDP · 가계소득 등은 주택 가격의 상승을 정당화하는 요인이다. 기실 주택 가격은 이러한 요인과 상관없이 상승과 하락을 반복해왔다. 시장이 좋을 때는 공급이 많아도 수요가 받쳐줘 주택 가격이 하락하지 않고, 시장이 안 좋을 때는 공급이 적어도 수요가 없으니 가격이 하락한다.

기존 부동산 이론으로는 이러한 주택가격의 움직임을 제대로 설명하지 못하지만 금융가속기 모델을 결부시키면 비로소 모든 것이 이해된다. 한국은 2000년 이전까지는 금융이 사회에서 제대로 작동하지 못했지만 2000년 이후부터는 사회 구석구석에서 작동한다. 금융이 없는 사회는 생각조차 할 수 없다. 부동산 가격이 본격적으로 상승한 것도 이때부터다. 이제는 자기 돈으로 부동산을 구입하지 않는 게 당연해졌다. 오히려 자기 돈으로만 부동산을 구입하면 멍청하다는 소리까지 듣는다. 참여정부 당시에 주택 가격 상승을 막으려고 각종 규제책을 펼쳤지만 시간이 한참 지나서야 효과가 나타났다. 이는 당시에 한국으로 유입된 유동성을 막지 못한 결과였다. 이번 상승장에는 공교롭게도 당시 정책 입안자들이 다수 참여하고 있고, 금융위기에 대응하는 자본규제체계인 바젤3도 만들어졌다. 이제 부동산시장의 위기에 대비하는 여건은 마련되었다. 과연 위기에서 얼마나 효과를 보게 될지 지켜보도록 하자.

◈ 모든 투자는 금융에서 자유로울 수 없다

글로벌 부동산 동조화, 금융가속기, 국제 유동성, 국내 유동성, 비핵심대출 등이 나와는 상관없는 것처럼 느껴질지도 모르겠다. 굳이 이런 것까지 알아야 할까? 그렇다면 현재 수많은 사람들이 80~90%까지 받는 전세보증금 대출은 어디에서 왔을까? 현재 주택에 들어간 돈은 담보대출을 받아 집을 구입하든 갭투자로 집을 구입하든 전세로 계약하든 어떤 식이든 금융으로부터 자유롭지 않다. 모든 주택은 일부 또는 전부 금융으로 구성되었다.

이런 유동성과 금융가속기는 언급한 것처럼 지역별로 돌아다닌다. 특정 지역에 출몰했다가 치고 빠지기도 한다. 그 기간이 아주 짧을 수도 있고, 다소 길게 느껴질 때도 있지만 해당 지역에 생각보다 강력한 영향을 미친다. 이를 이해하지 못하면 주택 가격이 왜 상승하고 왜 하락하는지 알지 못한다. 가격이 상승할 때는 온갖 새로운 이론이 나온다. 누가 들어도 합당한 이유다. 그 반대의 경우에도 마찬가지다. 갑자기 가격이 하락하기 시작하면 어느 누구도 그 이유를 모른다. 모르고 당한다는 표현이 정확하다. 지금까지 그랬을 것이다. 이제 금융가속기가 그 뒤에서 돌고 있었다는 걸 깨달았을 것이다. 이걸 그저 외부 충격이라고 치부하면 마음이 편할지 모르지만 내 자산은 커다란 타격을 입는다.

미안하게도 이 책의 내용을 전부 이해했다고 해서 바로 돈을 벌 수 있는 것은 아니다. 그래도 투자라는 사이클에서 비핵심대출, 금융가속기, 유동성이 지금 어느 단계에 있는지 안다면 적어도 당신의 마음에 평안과 안정을 가져오지 않을까? 투자 성과는 그 안에서 각자의 몫이다. 하지만 우리는 투자 성과만을 추구하다 가을에 수확하지 못하고 맨몸으로 겨울을 맞이하는 사람을 많이 목격해오지 않았나.

스스로 왜 실패한 건지도 모르고 당하는 사람이 많다. 그런 사람들에게 글로벌 유동성이 핵심이라는 걸 알려주고 싶었다. 또한 모든 위기의 근원은 비핵심대출에서 비롯된 것이라는 것도 알려주고 싶었다. 아이러니하게도 모든 자산 가격 상승의 원인도 비핵심대출에 있다. 이에 따라 수많은 성공한 부동산 투자자가 나타나고 사라지는 것도 그 이면에는 비핵심대출이 있었다. 인구론, 공급과다론 등의 폭망론과 반대되는 상승론은 언제나 반복되며 나타나는 현상일 뿐이다. 역사는 돌고 돈다.

달러의 변화

마지막으로 시대별로 달라지는 달러의 위상에 대해 이야기를 해보겠다. 몇 번이나 이야기하지만 이 책을 읽었을 때 머릿속에 아예 인이 박혔으면 한다. 지겹다면 성공했다. 드디어 세계 자산 시장의 사이클이 머릿속에 입력되었다. 아직도 안 된 분들을 위해 다시 설명한다.

▷1970년대

당시 미국은 한참 전쟁 중이었다. 돈이 필요했고 이를 위해 달러를 금에 연동시킨 금태환을 정지했다. 1차, 2차 오일 쇼크가 찾아오자 미국은 더 많은 돈을 찍어 경기를 부양했다. 돈이 풀리니 물가가 상승했다. 이와 함께 무역적자가 엄청나게 생겼다. 미국은 전쟁과 사회복지, 경기 진흥책, 물가 상승은 과소비에 해당한다. 이러니 당연히 무역이 적자가 날 수밖에 없었다. 미국에서 빠져나간 돈은 독일과 일본으로 갔다. 두 나라가 당시 미국의 최대 수출국이니 당연한 결과였다. 이러자 미국 달러는 점차적으로 약해졌다.

▷1980년대 초반

금본위제하에서는 무역적자가 나면 금이 해외로 빠져나간다. 금이 빠져나가면 금과 연동된 물건의 가격이 오른다. 가치는 변하지 않더라도 가격이 상승하는 것이다. 금이 빠져나가는 것을 막기 위해 금리를 올렸다. 한계가 정해진 금이 전부 해외로 빠져나가면 해외에서 물건을 구입할 수 없으니 당연한 조치였다. 문제는 금리를 인상하니 국내 경기가 안 좋아지기 시작했다. 금은 한정된 자원이므로 안정적인 운영이 어렵다는 게 금본위제를 폐기한 가장 큰 이유다. 금에 고정되었던 족쇄가 풀리자 더 이상 고민할 필요가 없어졌다. 그럼에도 미국은 지속되는 무역과 재정에서 적자를 보며 달러 가치가 떨어졌다. 자연스럽게 물가 상승이 일어나고 이를 막기 위해 가격도 통제했다. 결국에는 금리를 확 올려버려 달러 가치를 끌어올리며 물가도 잡아버렸다. 이 과정에 커다란 고통을 겪었지만 안정화되었다.

▷1980년대 중후반
물가도 잡았고 경제도 어느 정도 안정이 되었으나 높은 금리로 인해 달러 강세가 펼쳐졌다. 안타깝게도 이로 인해 대외 무역적자가 더욱 심화된다. 설상가상으로 달러 강세는 환율을 움직여 해외 물품 가격이 더 저렴해졌다. 미국 내 제조업은 이로 인해 큰 타격을 받는다. 미국은 환율을 잡아야겠다는 판단을 내린다. 가장 많은 돈을 벌어가는 두 놈에게 환율을 조절하자고 요구한다. 고급스럽게 표현하자면 국제공조를 요구한다. 한마디로 다같이 잘 먹고 잘 살자고 했다. 일본은 형님인 미국 이야기를 아주 충실히 따랐다. 독일은 겉으로만 알겠다고 하고 뒤로는 다른 짓을 했다. 플라자합의와 루브르합의로 독일, 일본을 비롯한 주요 선진국은 경기확장정책을 펼치게 된다. 무슨 뜻이냐면 미국을 비롯한 주요 선진국이 전부 시장에 돈을 풀기 시작한다. 미국의 달러는 하락하기 시작했다.

▷1990년대

이미 이전에도 수출로 풀린 달러는 다시 미국으로 돌아왔다. 골디락스라 불렸던 90년대가 되자 세계화는 전 지구적인 현상이 된다. 미국은 전 세계 대장으로 모든 걸 집어삼키는 소비국이었다. 모든 국가가 미국에 수출해서 돈을 벌었다. 미국은 이에 발맞춰 끊임없이 달러를 찍어냈다. 이렇게 해도 인플레이션은 발생하지 않았다. 전 세계로 풀린 돈이 또다시 연어처럼 미국으로 되돌아왔다. 이러자 달러는 오히려 상승한다. 이전에는 독일과 일본에서 미국으로 달러가 유입되었다. 신흥 개발도상국들은 미국에 팔아재껴 받은 달러를 다시 미국에 투자한다. 역설적으로 미국은 소비를 더 많이 하고 수입을 과거보다 훨씬 더 많이 했다. 무역적자는 더 늘어나는데 미국 본토로 다시 들어오는 달러가 많아지며 달러가 강세로 전환된다. 이런 국가는 전 세계에서 미국이 유일하다.

▷2000년대

2000년 초반에 미국은 엄청난 일을 겪는다. IT버블로 인해 경제가 힘들어지자 금리를 내린다. 환율이 평가절하되어버린다. 더 충격적인 일이 벌어진다. 미국 본토에서 9·11테러가 일어나 경기가 침체되고 금리를 인하하고 또다시 환율이 평가절하되었다. 여기서 멈추지 않고 미국은 범인으로 이라크와 아프가니스탄을 지목하며 전쟁을 벌인다. 국가 차원에서 이건 과소비다. 또다시 달러 환율은 평가절하된다. 대내외적인 악재들이 이어지는 가운데 부시 대통령은 감세정책을 시행한다. 이것도 역시나 환율 평가절하 요인이다. 이처럼 달러는 점점 지위를 잃어가는 듯했다. 심지어 당시 세계적인 모델이었던 지젤 번천은 달러가 어떻게 될지 모른다며 달라 대신 유로로 지급해달라고 해 화제가 되었다. 달러가 결제수단으로 지위를 잃는 것이 아닌가 하는 이야기까지 나왔다. 이때 최대 수출국이 된 중국이 등장한다. 넘치는 달러를 보유한 중국이 달러에 투자하자 미국에 달러가 들어오기 시작했다. 달러는 종이가 되는 일이 없다. 달러는 불사조처럼 다시 살아났다. 현재 금융시스템에서 전 세계로 달러가 융통되며 유지되는 시스템이다.

▷2000년대 서브프라임 모기지 사태 이후

달러가 다시 지위를 되찾았다. 그 이후 미국은 전 세계에 고통을 던진다. 고통이 아닌 폭탄을 던져버렸다. 서브프라임 모기지 사태에 따른 고통은 미국만의 문제가 아닌 전 세계적인 경기 침체를 불러왔다. 거꾸로 미국의 위세를 알 수 있는 계기가 되었다. 미국이 비실거리니 전 세계는 전부 생존을 위해 전력투구해야 했다. 최근에 다시 미국 경제가 좋아지며 세계 경제에도 온기가 돌고 있다. 어느덧 서브프라임 모기지 사태가 일어난 지 10년이 지나고 있다. 굳이 더 부연 설명하지 않아도 어떤 식으로 진행되었는지 잘 알고 있으리라 판단된다. 이미 이 책에서 자세하게 설명했다.

토끼와 거북이 중 승자는 누구인가

〈토끼와 거북이〉 우화를 모르는 사람은 없을 거다. 이 우화에서는 토끼와 거북이가 달리기 시합을 하는데 거북이가 이긴 것으로 끝난다. 거북이처럼 꾸준하고 묵묵히 자신이 갈 길을 가야 한다는 교훈이 담겨 있다.

토끼는 유동성이고 거북이는 공급이라고 생각하고 다시 이야기를 떠올려보자. 토끼와 거북이가 달리기 시합을 하는데 토끼는 시작하자마자 열심히 달린다. 너무 열심히 달린 탓인지 거북이는 보이지 않을 정도로 멀리 앞서갔다. 거북이는 앞장서 가는 토끼가 보이지도 않았지만 묵묵히 걸었다. 이러자 구경꾼들이 한마디씩 한다. 구경꾼들은 판돈을 건 투기꾼인지도 모르겠다.

"야! 저거 봐. 역시 토끼가 거북이보다 빠르잖아. 토끼가 이길 수밖에 없다고."

이렇게 외치는 사람들은 주변에 소문을 내고 사람들은 토끼가 이 겼다고 믿었다.

"원래 거북이가 토끼를 이긴다는 게 말이 안 되지."

"그게 자연의 법칙이야. 거북이는 다리가 짧아서 달리기에 불리 한 몸이야."

맞다. 우리가 알고 있는 상식으로는 우화와 달리 거북이는 토끼 와 경쟁상대가 되지 않는다. 늘 토끼가 이길 수밖에 없다. 모든 사람 의 예상을 깨고 누군가 깽판을 놓는다. 공정한 심판을 봐야 할 문씨 아저씨가 갑자기 달리는 토끼를 잡아 뒷다리를 분질렀다(문씨 아저씨의 행동은 LTV, DTI 등의 규제를 떠올리면 된다). 토끼는 한쪽 다리를 다쳐 더 이상 달리지 못하고 낑낑대고 있다.

반면에 불쌍한 거북이를 보다 못한 사람들이 거북이에게 마법의 약을 먹였다. 거북이는 어디서 힘이 났는지 무서운 속도로 성큼성큼 걸어갔다(정부에서 공급물량을 늘리는 걸 생각하면 된다). 절룩거리는 토끼 를 드디어 거북이가 따라잡아 앞서는 상황은 부동산 시장에서 공급 과다, 역전세난, 수요 부족 등이 일어나는 것으로 대치해볼 수 있다. 부러진 다리를 부여잡고 있는 토끼는 누군가 고쳐줘야 하는데 아직까 지 다들 모른 척하고 있다. 이를 보던 구경꾼들이 한마디씩 한다.

"원래 토끼가 이겨야 정상인데. 그게 자연의 법칙이지."

"이대로면 다리가 짧은 거북이가 이길 텐데… 말도 안 돼."

"문씨 아저씨는 심판인데 경기에 관여하면 불법 아냐? 공정한 경쟁을 지켜만 봐야 하지 않나?"

사실 심판이었던 문씨 아저씨가 토끼 다리를 분지른 이유가 있었다. '전국 토끼와 거북이 달리기 협회'(이걸 바젤은행감독위원회. BCBS라고 부른다)에서 자연의 법칙에 따르면 토끼가 이기는 것이 맞지만 늘 토끼만 이기고, 너무 빨리 뛰어 불공정하다고 판단했다. 대회 흥행을 위해서도 이건 너무 재미없으니 말이다. 이를 위해 문씨 아저씨는 토끼가 너무 빨리 뛰면 욕을 먹더라도 과감히 토끼 다리를 부러뜨리는 스포츠맨십(자본주의)에 어긋나는 규약을 만든 것이다.

문씨 아저씨는 이런 이야기를 사람들에게 하지 않았다. 분명히 협회에서는 저렇게 하기로 전부 결정했다. 문씨 아저씨의 뜻은 아니었다. 어찌 된 일인지 문씨 아저씨는 공정한 세상을 위해 한 행동이라 말하고 다녔다. 토끼와 거북이의 경주에서 늘 토끼만 이긴다. 토끼가 거북이보다 너무 멀리 가면 (가격이 너무 상승하면) 불공정하다. 둘이 비슷하게 경주를 하기 위해서는 최선의 선택이었다고 말했다.

사실 협회가 이런 결정을 내린 이유도 있었다. 토끼와 거북이 경주를 외계인이 보고 있는데 토끼가 늘 너무 일방적으로 이겨버렸다. 나름 판돈을 걸고 경주를 지켜보던 외계인들 입장에서는 재미도 없고 흥미도 생기지 않는 너무 뻔한 경주에 지겨웠던 외계인들이 협회에 압력을 가했다. 내기에 진 외계인들이 자꾸 이러면 지구에 커다란 운석을 던지겠다고 협박했다(지구에 운석이 떨어지는 것은 세계 대공황, 금융 위기, 버블 붕괴 등이다.)

이전까지는 지구에 운석이 떨어지면 그저 하늘의 뜻으로 생각했다. '전국 토끼와 거북이 달리기 협회' 사람들이 지난 150년간 만화책(경제사 책과 논문 등)을 면밀하게 검토한 결과 놀라운 사실을 발견했다. 운석이 사실은 외계인이 벌인 농간이었다. 분하지만 알아도 그걸 막을 방법이 전혀 없다는 걸 알았다. 운석의 폐해가 너무 심하니 토끼에게는 좀 미안하지만, 토끼(유동성)가 너무 일방적으로 앞서 나가면 다리를 분질러서라도 막기로 했다(너무 과한 가격 폭등이 일어나면 가격 되돌림이 엄청나게 어렵다는 교훈을 깨달았다).

이걸 알고 있던 문씨 아저씨와 사려 깊은 그 친구들은 이런 사실을 공개할 수 없으니 구경꾼들에게는 말하지 않았다(문씨 아저씨와 친구들은 이미 이전 운석 낙하 사건을 경험했다. 당시에도 토끼가 앞서 나가면 안 된다는 걸 깨닫고 엄청 노력했지만 실패했다. 그 결과로 운석이 낙하하며 엄청나게 피해본 뼈아픈 과거가 있었다). 토끼가 저 앞으로 달려 나가면 그 즉시 다리를 부러뜨릴 작정을 하고 있었다. 토끼는 그 사정도 모르고 마구 달려 나가니 확 분질러버렸다.

거북이가 이긴다는 데 돈을 건 사람들이 있었다. 이들은 거북이가 약을 먹고 두 배로 빨리 달려간 사실에 흥분한다(3년간 200만 호 인허가가 났다. 다세대, 다가구, 단독주택도 이 당시에 함께 건축되었다. 아파트만 주택은 아니다. 이런 주택에도 사람들이 거주하고 주택시장에 공급된다). 거북이가 이길 거라고 믿는 이들은 현재 신나게 응원하며 기다리고 있다.

과연 거북이(공급)는 앞서 가던 토끼(유동성)를 따라잡고 경주에서 이기게 될까? 그건 자연의 법칙에 어긋난다는 사실을 사람들이 잊고 있다. 토끼의 부러진 다리를 다시 치료해서(LTV, DTI 등의 규제를 풀어버려) 달리게 할까? 이 부분은 확실하지도 않고 잘 모른다. 자연의 법칙을 뛰어넘는 존재가 훼방을 놓으니 그때마다 커다란 피해를 보지 않으려면 말이다.

협회의 지도를 받는 문씨 아저씨 친구가 만화가게(한국은행)를 운영한다. 여기서 고전 만화책을 기반으로 토끼와 거북이의 경기를 분석하고 조사한 결과 외계인이 토끼와 거북이가 경주에서 일정 거리 이상으로 너무 심하게 벌어지면 훼방을 놓는다는 사실을 발견했다. 훼방을 놓을 때마다 엄청난 피해를 받아 경주 자체가 중단된다는 사실도 말이다. 이 보고서를 전국적으로 발표한다. 이를 금융안정포럼(www.fsb.org)에서 종합 만화책으로도 펴낸다(한국에는 '한국은행 금융안정보고서'가 있다. 한국뿐 아니라 금융이 발달한 모든 국가의 중앙은행에서 이런 보고서를 만든다).

토끼와 거북이 우화는 아주 오래되었지만 여전히 유효하다. 현재는 문씨 아저씨와 친구들. 전국 토끼와 거북이 달리기 협회, 외계인, 만화가게, 구경꾼. 여러 사람들이 참여해서 각자 자신의 상황에서 최선을 다하고 있다. 이걸 멀리서 구경하면 이들이 무엇을 하는지 잘 보인다. 가까이 가면 다들 왜 미친 짓을 하고 있는지 이해되지 않는다.

현재는 토끼 다리를 부러뜨려버렸다. 거북이는 약을 먹고 열심히 달리고 있다. 외계인이 운석을 구경하다 화가 나 던질지 거북이는 힘을 내서 토끼를 추월하게 될지 귀추가 주목된다. 토끼가 또 다시 힘을 내 힘차게 달려갈지도 모른다. 확실한 것은 둘의 경주는 결코 쉽게 끝나지 않는다는 것이다. 아마도 토끼가 늘 앞서 나가겠지만 거북이가 어느 순간 토끼를 앞서 나갈 때도 있을 것이다. 둘은 서로 치열하게 경주할 것이다. 사람들의 생각처럼 토끼가 무한정 앞서 달려가지도 않을 것이다. 그렇다고 우화의 결말처럼 거북이가 토끼를 이기며 끝나지도 않을 것이다.

이건 우화가 아니라 우리가 살아가는 현실이니까. '그래서 신데렐라는 행복하게 오래오래 살았답니다'는 어디까지나 동화에서나 가능한 일이다. 현실에서는 왕과 싸우기도 하며 생활인으로 살아가게 마련이다. 이처럼 토끼와 거북이의 경주도 누가 이기며 끝나지 않고 평생 이어진다. 현 상황도 금방 끝날 것 같지는 않다. 거북이가 토끼를 쫓아가 앞서갈지, 토끼가 회복해서 달려갈지 알 수 없다.

이 상황을 사람들에게 알려주고 싶었다. 토끼와 거북이의 경주를 사람들이 알았으면 했다. 역사는 반복되고 반복된다. 토끼와 거북이도 끊임없이 사람들의 생각과 달리 경주한다. 우리가 살아가는 세상은 내가 죽지 않는 한 계속 진행된다. 토끼를 응원하든, 거북이를 응원하든 그 점을 알았으면 한다. 무엇이든 영원한 것은 없고 시간은 쉬지 않고 달려간다. 운석에 피해를 입지 않기를 바란다.

참고문헌

[단행본]

• 광기, 패닉, 붕괴 금융위기의 역사, 찰스 P. 킨들버거 외 저, 김홍식 역, 굿모닝북스
• 금융투기의 역사, 에드워드 챈슬러 저, 강남규 역, 국일증권경제연구소
• 땅과 집값의 경제학, 조시 라이언 콜린스 외 저, 김아영 역, 사이
• 부동산 미래 쇼크, 박원갑 저, 리더스북
• 부채의 늪과 악마의 유혹 사이에서, 아데어 터너 저, 해남
• 비즈노믹스, 윌리엄 코널리 저, 이미숙 역, 한스미디어
• 스트레스 테스트, 티모시 가이트너 저, 김규진 외 역, 인빅투스
• 신호와 소음 네이트 실버 저, 이경식 역, 더퀘스트
• 행동하는 용기, 벤 버냉키 저, 안세민 역, 까치

[국내 논문 및 보고서]

• LTV, DTI 규제의 경제적 효과에 대한 고찰, 김영도 저
• 가계부채가 소비와 경제성장에 미치는 영향/유량효과와 저량효과 분석, 강종구 저
• 글로벌 금융위기 이후 주택정책의 새로운 패러다임 모색, 조만 · 차문중 저
• 글로벌 부동산으로 본 실질금리, 김효진 저, SK증권
• 글로벌 부채 현황 및 시사점(2017. 8), 한국은행
• 금리와 주택 가격, 이근영 · 김남현 저
• 금융리스크와 바젤III의 주요내용(2011. 3), 한국은행
• 금융안정보고서(2016. 12), 한국은행
• 금융의 경기순응성 측정 및 국제 비교, 부상돈 · 이병록 저
• 금융회사 여신심사 선진화 방안, 김영도 저
• 대규모 공동주택 노후화에 따른 정책대안 모색을 위한 세미나, 미래도시창생과 재생을 위한 국회의원 연구모임

- 독일의 자가소유율이 낮은 이유: 주택체제론 관점의 검토, 김수현 저
- 미국 금리 인상의 한국 주택시장 파급효과 연구, 이태리 · 조정희 저
- 미국 금융위기의 부채화 · 탈부채화 과정 및 국내 부동산금융시장에 주는 교훈, 조만 저, KDI 국제정책대학원
- 미국 주택가격의 버블 가능성에 대한 최근 논조(2005. 7), 한국은행
- 미국 주택금융위기와 매니매 · 프레디맥의 구제 방안, 강승호 저
- 미국 주택시장, 박정수 저
- 미국의 자가보유 확대정책의 시사점, 김현아 · 허윤경 저
- 민부론, 이승훈 외 저, 동양증권
- 바젤III 유동성규제의 주요 내용과 과제(2014. 10), 한국은행
- 바젤III 도입배경 및 최근의 주요변화(2015. 3), 삼정KPMG 경제연구원
- 부동산 거품의 시기별/국별 비교, 김기형 저, 교보증권
- 부동산 공급체계 개선방향 연구(2012), 국토해양부
- 부채경제학의 이해, 박양수 저
- 북유럽 국가의 금융, 재정위기 극복과 시사점, 조은영 저
- 신흥시장국의 금융안정과 은행부문 외채와의 관계, 채경래 · 안시온 저
- 연준의 자산축소 프로그램 시행 관련 주요 이슈(2017. 9), 한국은행
- 우리나라 부동산시장의 변화와 가계부채 그리고 그 위험성(2015.6), KERI FACTS
- 유동성과 금리가 부동산 가격 변동에 미치는 영향 분석, 김중규 · 정동준 저
- 인구 고령화와 주택시장, 조만 · 송인호 저
- 인구구조와 주택 가격 : 동아시아와 유럽 비교 연구, 한정희 저
- 인구절벽 시대를 돌파할 자산 배분 전략, 홍춘욱 저, 키움증권
- 일본 기업의 설비투자 활성화와 시사점/국내외 설비투자 확대를 통한 최적 생산시스템 구축(2005. 12), 산업평가원
- 일본형 장기 불황, 정부정책 실패가 원인, 현대경제연구원
- 주요 유럽 국가들의 실질주택 가격지수의 최근 추이와 시사점, 빈재익 저
- 주요국의 가계부채 조정과정 및 대응정책 분석(2012. 9), 국회예산정책처
- 주요국의 부동산 가격 급등현상과 정책대응에 대한 비교 연구(국가별 사례를 중심으로), 대한주택공사 주택도시연구원

- 주택 가격 상승의 소비진작 효과와 정책 시사점(2015. 10), 하나금융포커스
- 주택 가격과 거시경제 변수간 상호 영향에 관한 고찰, 송인호
- 주택 가격과 은행대출의 상관관계에 관한 연구, 박연우 · 방두완 저
- 주택 가격의 글로벌 동조화와 파급경로에 관한 연구, 장영길
- 주택 거래량과 가격의 동조화 및 손실회피현상, 정홍일 외 저
- 주택 매매가격과 전세가격의 동학, 장세진 저
- 주택 200만호 건설 이후 주택시장의 전개 : 문민3 대통령의 주택정책 평가 시론, 장성수 저
- 주택담보대출비율(LTV) 규제가 거시경제에 미치는 영향, 송인호 저
- 주택시장의 경기변동과 인과관계에 관한 연구, 노정휘 · 성주한 저
- 통계로 보는 국제주택시장 비교 : 미국 · 영국 · 일본 · 한국을 대상으로, 허윤경 저
- 통화정책의 역사적 전환과 그레이트 로테이션, 이철희 외 저, 동양증권
- 통화정책이 실물경제 및 금융시장에 미치는 영향(2010. 5), 한국은행
- 한 · 중 · 일 주택시장의구조적 변화 진단 및 전망(2011. 11), KB금융지주 경영연구소
- 한국의 거시건전성정책(2015), 한국은행

[해외 논문 및 보고서]

- "Aging and Real Estate Prices: Evidence from Japanese and US Regional Data", Yumi Saita, Chihiro Shimizu, Tsutomu Watanabe
- "Asian housing: Ride the cycle", Standard Chartered Bank 2015
- "Asset Price Bubble in Japan in the 1980s: Lessons for Financial and Macroeconomic Stability", Shigenori Shiratsuka
- "Bank Capital Redux: Solvency, Liquidity, and Crisis", Oscar Jorda, Moritz Schularick, Alan M. Taylor
- "Betting the House", Oscar Jord a, Moritz Schularick, Alan M. Taylor
- "Between Debt and the Devil: Money, credit and fixing global finance", Adair Turner
- "BIS Working PapersNo 607 The real effects of household debt in the short and long run", Marco Lombardi, Madhusudan Mohanty and Ilhyock Shim
- "Booms and Busts in Housing Markets / Determinants and Implications", Luca Agnello

and Ludger Schuknecht

- "Bubbles, Credit, and Their Consequences", Oscar Jorda, Moritz Schularick, and Alan M. Taylor
- "Building A New Deal for London(2016. 3)", London Housing Commissio
- "Capital Flows, House Prices and the Macroeconomy: Evidence from Advanced and Emerging Market Economies", Ambrogio Cesa-Bianch, Luis Cespedes, Alessandro Rebucci
- "Comparing The Recent Financial Crisis in The United States and The Euro Area with The Experience of Japan in The 1990s", ECB Monthly Bull
- "Credit Booms and Lending Standards: Evidence from the Subprime Mortgage Market", Giovanni Dell'Ariccia, Deniz Igan, and Luc Laeven
- "Credit Conditions and Consumption, House Prices and Debt: What Makes Canada Different?", John Muellbauer, Pierre St-Amant and David Williams
- "Dealing with Housing Booms and Bus", Deniz Igan, IMF-Resear
- "Difficulties in Accessing Grocery Stores in Japan", Tetsuro Yakushiji and Katsuya Takahashi Policy Research Institute, Ministry of Agriculture, Forestry and Fisheries of Japan
- "Financing Growth without Banks:Korean Housing Repo Contract", Se-Jik Kim, Hyun Song Shin
- "Foreclosures, House Prices, and the Real Economy", Atif Mian, Amir Sufi, Francesco Trebb
- "Freddie Mac Update(2016. 11)", Freddie Mac
- "Global economic tsunamis: Coincidence, common shocks or contagion?", Kristin Forbes, External MPC Member, Bank of England
- "Global financial cycles and risk premiums", Oscar Jorda, Moritz Schularick, Alan M. Taylor
- "Global House Price Fluctuations: Synchronization and Determinants", Hideaki Hirata, M. Ayhan Kose, Christopher Otrok and Marco E. Terrones
- "Global Household Leverage, House Prices, and Consumption", Reuven Glick and

Kevin J. Lansing

- "Global Housing Cycles", Deniz Igan and Prakash Loungani
- "Globalization A historical Perspective", Alan M. Taylor
- "Has the Rise in Debt Made Households More Vulnerable?", OECD Publishing
- "House Price Cycles and the Real Economy", Deniz Igan
- "House Price Fluctuations: Synchronization And Determinants", Hideaki Hirata, M. Ayhan Kose, Christopher Otrok, Marco E. Terrones
- "House prices in London /an economic analysis of London's housing market", Joel Marsden
- "Household Debt and Business Cycles Worldwide, Atif MianPrinceton University and NBER", Amir Sufi University of Chicago Booth School of Business and NBER, Emil Verner Princeton University
- "Housing Bubble and Macro−prudential supervision−A case study from Japan in 1980's and 90's", Masahiro Kobayashi Chief Economist, Global MarketSurvey and Research Department Japan Housing Finance Agency(JHF)
- "Housing bubbles, the leverage cycle and the role of central banking", Jeroen Hessel and Jolanda Peeters
- "Housing Finance in Germany Four major trend(2007. 11)", Deutsche Bank Research
- "Housing in London 2015", Mayor of London
- "Housing Policies in the United Kingdom, Switzerland, and the United States: Lessons Learned", Christian A. L. Hilber and Olivier Schoni
- "Housing Prices, Mortgage Interest Rates and the Rising Share of Capital Income in the United States", Gianni La Cava
- "How Do Credit Supply Shocks Affect the Real Economy? Evidence from the United States in the 1980s", Atif Mian, AmirSufi, Emil Verner
- "Inside the Great Leveraging", Moritz Schularick
- "International Synchronicity of Housing Prices", Alejandro Jara and Nestor Romero
- "Japan Residential Property Price Inde(2014. 8)", MLIT(Ministry of Land, Infrastructure, Transport and Touris), Japan

- "Japanese Capital Outflows(1990. 10)", FRBSF Weekly Letter, Federal Reserve Bank of San Francisco
- "Land Prices and House Prices in Japan", Yukio Noguc
- "Leveraged Bubbles", Oscar Jorda, Moritz Schularick, Alan M. Taylor
- "Loan-to-Value as Macro-Prudential Policy Tool: Experiences and Lessons of Asian Emerging Countries", OH Hwa Se-Nathalie Girouard, Mike Kennedy, Christophe Andre
- "Macrofinancial History and the New Business Cycle Facts", Oscar Jorda, Moritz Schularick, Alan M. Taylor
- "Macroprudential Policies: Korea's Experiences", Choongsoo Kim
- "Macroprudential policy and bank risk", Yener Altunbas, Mahir Biniciand Leonardo Gambacorta
- "No Price Like Home: Global House Prices", 1870-2012, Katharina Knol, Moritz Schularick, Thomas Steger
- "Outlook on the German housing market in 2017", Ochen Mobert
- "Outlook Summer 2006, FDIC(Federal Deposit Insurance Corporation)
- "Perspectives on Quantitative Easing in the United States", Eric S. Rosengren
- "Price Bubbles on the Housing Market: Concept, theory and indicators", Hans Lind
- "Seven Questions on the Global Housing Markets", Hites Ahir, Heedon Kang, and Prakash Loungani
- "Stabilizing the System of Mortgage Finance in the United States", Richard Koss
- "Superstar Cities", Joseph Gyourko, Christopher Mayer, Todd Sinai
- "Systemic Crises and Growth", Romain Ranciere Aaron Tornell Frank Westermann
- "The 1980s Prices Bubble on (Post) Impressionism", Fabian Bocart, Ken Bastiaensen and Peter Cauwels
- "The Aftermath of Financial Crises", Carmen M. Reinhart, Kenneth S. Rogoff
- "The Asset Price Bubbleand Monetary Policy: Japan's Experiencein the Late 1980s and the Lessons", Kunio Okina, Masaaki Shirakawa,and Shigenori Shiratsuk
- "The ECB and its Watchers XVI", Richard C. Koo

- "The Financial Accelerator: Evidence fromInternational Housing Markets", Heitor Almeida, Murillo Campello and Crocker Liu
- "The Financialization of Home and the Mortgage Market Crisis", Manuel B. Aalbers
- "The Global Housing Price Boom and its Aftermath", Bertrand Renaud and Kyung-Hwan KIM
- "The Great Mortgaging: Housing Finance, Crises, and Business Cycles", Oscar Jorda, Moritz Schularick, Alan M. Taylor
- "The history of house prices and bubble deflations", Chris Watling
- "The Housing Bubble that Burst:Can House Prices be Explained? And Their Fluctuations be Dampended?", Niels Arne Dam, Tina Saaby Hvolbøl, Erik Haller Pedersen, Peter Birch Sørensen과 Susanne Hougaard Thamsborg, Economics
- "The Housing Market and Housing Policies in Japan", Masahiro Kobayashi
- "The international dimensions of macroprudential policies", Pierre-Richard Agenor, Enisse Kharroubi, Leonardo Gambacorta, Giovanni Lombardo and Luiz Pereira da Silva
- "The Japanese Real Estate Investment Market 2016", Nomura Research Institute
- "The New Dynamics of Financial Globalization(2017. 8), McKinsey&Company
- "The Next Recession: Lessons from History(2017. 6)", Goldman Sachs
- "The Other (Commercial) Real Estate Boom and Bust: The Effects of Risk Premia and Regulatory Capital Arbitrage", John V. Duca and David C. Ling
- "The Rate of Return on Everything, 1870-2015", Oscar Jorda, Katharina Knoll, Dmitry Kuvshinov
- "The shifting drivers of global liquidity", Stefan Avdjiev, Leonardo Gambacorta, Linda S. Goldberg and Stefano Schiaff
- "The world in balance sheet recession: causes, cure, and politics", Richard C. Koo
- "Two Studies of Japan-REIT Performance: Modeling Risk and Tracking Property-Level Performance", Rena Konagai
- "Understanding House-Price Dynamics", Makoto Nakajima
- "Understanding Recent Trends in House Prices and Homeownership", Robert J. Shiller

- "When Credit Bites Back: Leverage, Business Cycles, and Crises", Oscar Jorda, Moritz Schularick, Alan M. Taylor
- "Who Bears the Cost of Recessions? The Role of House Prices and Household Debt", Atif Mian, Amir Sufi
- "Why Some Times Are Different: Macroeconomic Policy and The Aftermath of Financial Crises", Christina D. Romer, David H. Romer
- "Why the U.S. Won't Have a 'Lost Decade'", James A. Wilcox

부동산 투자 사이클

2018년 8월 16일 초판 1쇄 발행
2018년 9월 10일 초판 2쇄 발행

지은이 김영기 · 이재범
감수자 트루카피
펴낸이 김남길
펴낸곳 프레너미
등록번호 제387-251002015000054호
등록일자 2015년 6월 22일
주소 경기도 부천시 원미구 계남로 144, 532동 1301호
전화 070-8817-5359
팩스 02-6919-1444

프레너미는 친구를 뜻하는 "프렌드(friend)"와 적(敵)을 의미하는 "에너미(enemy)"를 결합해 만든 말입니다.
급변하는 세상속에서 저자, 출판사 그리고 콘텐츠를 만들고 소비하는 모든 주체가 서로 협업하고 공유하고 경쟁해야 한다는
뜻을 가지고 있습니다.
프레너미는 독자를 위한 책, 독자가 원하는 책, 독자가 읽으면 유익한 책을 만듭니다.
프레너미는 독자 여러분의 책에 관한 제안, 의견, 원고를 소중히 생각합니다.
다양한 제안이나 원고를 책으로 엮기 원하시는 분은 frenemy01@naver.com으로 보내주세요.
원고가 책으로 엮이고 독자에게 알려져 빛날 수 있게 되기를 희망합니다.